Les cinq choses qu'on ne peut pas changer dans la vie

DU MÊME AUTEUR
AUX ÉDITIONS PAYOT

Être adulte en amour. Savoir ce que l'on veut, être bienveillant

Le Pouvoir des coïncidences

David Richho

Les cinq choses qu'on ne peut pas changer dans la vie

et le secret pour être enfin heureux

Traduit de l'anglais (États-Unis)
par Françoise Bouillot

Petite Bibliothèque Payot

Retrouvez l'ensemble des parutions
des Éditions Payot & Rivages sur

www.payot-rivages.fr

TITRE ORIGINAL :
*The Five Things We Cannot Change
And the Happiness We Find
by Embracing Them*
(Boston & London, Shambhala)

Conseiller d'édition : Pascale Senk

Pour mes adorables neveux et nièce,
Christian, Damien et Thea,
et en souvenir aimant de mes sœurs Gail
et Linda.

INTRODUCTION

Certaines choses dans la vie – pour ne pas dire la plupart – échappent à notre contrôle. Nous découvrons peu à peu au cours de l'existence que la réalité refuse de se plier à nos ordres. Une autre force, parfois non dépourvue d'humour, intervient avec d'autres projets que les nôtres. Nous sommes contraints de lâcher prise dans des moments où nous faisions tout pour nous accrocher, et de nous accrocher de toutes nos forces quand nous ne pensions qu'à laisser tomber. Notre vie – et nos vies multiples à l'intérieur de celle-ci – connaît des retournements inattendus, des fins non désirées, et des défis de toutes sortes.

Reinhold Niebuhr, un théologien protestant américain, a composé une prière qui est devenue le leitmotiv du *recovery movement* : « Puisse Dieu me donner la sérénité d'accepter les choses que je ne peux pas changer, le courage de modifier celles que je peux changer, et la sagesse de connaître la différence entre les deux. » Nous aspirons à cette profonde sagesse. Mais quelles sont ces choses que nous ne pouvons pas changer ? Sont-elles spécifiques à chaque individu, ou y a-t-il des choses que nous devons tous reconnaître et accepter pour trouver la paix dans notre vie ?

En tant que psychothérapeute, j'ai vu sans cesse revenir chez mes clients et dans ma propre vie les mêmes questions et les mêmes combats. Il y a cinq données inévitables, cinq faits immuables qui reviennent nous visiter à maintes reprises au cours de notre vie :

- Tout change et finit.
- Les choses ne se déroulent pas toujours selon nos plans.
- La vie n'est pas toujours juste.
- La souffrance fait partie de la vie.
- Les gens ne sont pas toujours aimants et loyaux.

Tels sont les défis fondamentaux que chacun de nous doit affronter. Pourtant, nous vivons trop souvent dans le déni de ces faits. Nous agissons comme si ces données ne s'appliquaient pas systématiquement, ou ne s'appliquaient qu'à certains d'entre nous. Mais lutter contre ces cinq vérités de base, c'est résister à la réalité, ce qui revient à faire de notre vie une interminable série de déceptions, de frustrations et de chagrins.

Je propose dans ce livre l'idée quelque peu radicale que ces cinq données ne sont pas aussi mauvaises qu'elles en ont l'air. En réalité, c'est notre peur de ces données et notre ardeur à lutter contre elles qui sont la véritable source de nos problèmes. Une fois que nous avons appris à accepter et à embrasser ces faits bruts, nous comprenons qu'ils sont précisément ce qu'il nous faut pour gagner en courage, en compassion et en sagesse – bref, pour trouver le bonheur véritable.

Une donnée est un fait de la vie contre lequel nous ne pouvons rien. Nous n'avons pas le pouvoir de la changer, elle est dans la nature même des choses. Il en existe d'innombrables sortes. Car outre les cinq données perturbantes énumérées ci-dessus, il y a aussi de délicieuses données : nous connaissons la félicité, nos espoirs sont parfois comblés, nous nous découvrons des dons personnels uniques, les choses se réalisent d'une façon ou d'une autre, la chance nous favorise, des guérisons miraculeuses se produisent.

Certaines données en revanche ne s'appliquent qu'à nous-mêmes en tant qu'individus : la forme de notre corps et notre personnalité, nos dons ou nos limites psychologiques et spirituelles, notre tempérament, notre constitution génétique, notre QI, notre mode de vie conventionnel ou non conventionnel, le fait d'être intraverti ou extraverti, et ainsi de suite.

Les données se trouvent dans chaque chose que nous faisons, dans chaque lieu où nous entrons. Une donnée inhérente au fait d'avoir un travail est que l'on peut monter dans la hiérarchie ou être licencié – sans compter les innombrables possibilités intermédiaires. Une relation sentimentale a pour donnée qu'elle peut durer la vie entière, ou se terminer avec le prochain coup de téléphone.

J'ai découvert que tout ce qui s'oppose à notre moi convaincu de son bon droit est une puissante source de transformation et d'évolution intérieure. Les cinq faits élémentaires de la vie défient et terrorisent le moi tout-puissant qui persiste à vouloir une maîtrise totale. La vie nous arrive à sa manière propre, si fort que nous protestions ou que nous cherchions à l'esquiver. Nul n'est exempté, et ne l'a jamais été, des données incontournables de la vie. Si nous sommes incapables de les tolérer, nous ne faisons qu'ajouter du stress à notre vie en livrant un combat perdu d'avance.

J'expliquerai dans ce livre pourquoi nous n'avons pas à nous sentir désespérés face aux données de notre vie. Nous pouvons apprendre à accepter la vie dans ses propres termes. Nous n'avons pas besoin de montrer le poing au ciel, de demander à être exemptés, ou d'aller nous réfugier dans des systèmes de croyances qui prétendent nous protéger des chocs que nous infligent les données en nous promettant un paradis sans elles. Nous pouvons bâtir une vie saine et authentique en disant oui à la vie simplement telle qu'elle est. En réalité, notre voie est « ce qui est ».

L'histoire de l'illumination de Bouddha illustre bien que les données de la vie sont la base de notre croissance et de notre transformation. Bouddha naquit Siddharta Gautama, prince indien que son père voulut protéger de la douleur et du déplaisir. Le roi créa donc une vie de perfection extrême pour Siddharta en lui offrant toutes les satisfactions possibles et en lui épargnant toute souffrance. Mais un jour, le jeune prince voulut voir ce qu'il y avait au-delà des murs du palais. Quand il s'aventura dehors, il rencontra bientôt pour la première fois la maladie, la vieillesse et la mort – les conditions naturelles de toute vie. Cette vue l'émut profondément et le poussa à entamer un voyage spirituel qui finit par le conduire à son illumination. Il avait commencé sa légendaire transformation en affrontant les lois de la vie avec curiosité et courage.

Depuis les temps les plus anciens, les cinq données ont laissé perplexe et chagriné l'humanité. Les religions offrent des réponses à ce type de mystères. Tout au long de ce livre, je m'appuierai sur les enseignements du bouddhisme et d'autres religions. Les traditions spirituelles nous offrent des ressources, des modèles et une inspiration précieuse pour affronter les données de la vie avec un esprit ouvert et une plus grande équanimité. Le bouddhisme met une insistance particulière sur la nécessité de percer nos illusions et d'affronter les données de la vie pour devenir pleinement ce que nous sommes destinés à être.

Le oui inconditionnel

Chacune des données ou des conditions de l'existence suscite une question sur notre destinée. Sommes-nous ici pour que les choses se passent comme nous l'avons décidé, ou pour danser avec le flux de la vie ? Sommes-nous ici pour nous assurer que tout se déroule selon nos plans, ou pour nous abandonner aux surprises et aux synchronicités qui nous conduisent à de nouvelles perspectives ? Sommes-nous ici pour être certains que nous avons fait une bonne affaire, ou pour être droits, honnêtes et aimants ? Sommes-nous ici pour éviter la douleur, ou pour l'affronter, grandir avec elle, et apprendre la compassion grâce à elle ? Sommes-nous ici pour être loyalement aimés par tout le monde ou pour aimer de toutes nos forces ?

Les Romains parlaient de l'*amor fati*, la vertu d'aimer son destin. Nous trouvons parfois difficile de gérer l'anxiété que nous procurent les données de l'existence, et nous cherchons à lutter contre notre condition humaine. La méthode pour gérer les données et les mettre en prise avec notre destinée est parfaitement énoncée par Carl Gustav Jung : « Les données peuvent être adoptées avec un oui inconditionnel à ce qui est, sans protestations subjectives, par une acceptation des conditions de l'existence [...] une acceptation de ma propre nature tel que je suis. » Ce oui est un désir d'atterrir dans la réalité concrète sans coussin pour amortir la chute. Ce oui nous rend flexibles, en prise avec un monde changeant, ouverts à tout ce que la vie peut apporter. Ce oui n'est pas une reddition stoïque au *statu quo* mais un acte de courage – un alignement sur la réalité. Quand nous avons appris à faire davantage confiance à la réalité qu'à nos espoirs et à nos attentes, notre oui devient un sésame pour les surprises spirituelles. Je montrerai dans ce livre comment découvrir les richesses spirituelles que recèlent nos expériences les plus difficiles.

Le oui est l'allié plein de bravoure de la sérénité ; le non est le complice effrayé de l'anxiété. Nous trouvons de l'aide en disant oui et en affrontant les données avec une pleine conscience – c'est-à-dire une attention patiente et sans crainte au moment présent. Nous pouvons aussi trouver un soutien dans la nature, la psychologie, les traditions religieuses et les pratiques spirituelles. Tels sont les ressources et les outils présentés dans les pages qui suivent.

Quand Hamlet parle des « milliers de chocs naturels que la chair peut souffrir », il donne une définition poétique des données de la vie. Quand nous ressentons un événement comme un coup douloureux porté par l'une des conditions inaltérables de l'existence, demandons-nous par exemple : « Que puis-je apprendre ici ? Comment puis-je m'en servir ? » Nous pouvons apprendre que les données de la vie possèdent un formidable potentiel de transformation ou d'évolution. Nous pouvons être certains que les lois de l'existence nous aident d'une manière ou d'une autre à accomplir notre destin.

Les données de la vie peuvent nous apparaître comme des tours cruels que nous joue un univers vindicatif. Elles peuvent nous sembler une punition pour une obstination rebelle dont nous n'avons fait qu'hériter. Elles peuvent même nous paraître de purs actes de malveillance visant à nous rendre la vie infernale. Dans une antique vision théologique, elles sont comprises comme le châtiment décrété par un Dieu vengeur contre les habitants de l'Éden, chassés pour avoir commis le péché originel. Le oui inconditionnel, avec sa confiance implicite dans l'utilité des données pour notre croissance, brise cette vision de la vie fondée sur la peur. Dire oui à la réalité – aux choses qui ne peuvent pas changer – c'est choisir de se retourner sur sa selle pour aller dans la même direction que le cheval. C'est là un acte guidé par la conscience éclairée, une façon d'honorer l'ici-et-maintenant sans se laisser distraire par la peur ou le désir. La conscience éclairée est un oui inconditionnel à ce qui est tel qu'il est. Nous affrontons nos problèmes ici et maintenant sans protestation ni blâme. Ce oui est inconditionnel parce qu'il est libéré du conditionnement que nous impose le moi névrotique : peur, désir, maîtrise, jugement, plainte, attente. Dans la conscience éclairée, nous accueillons chaque moment avec ouverture d'esprit, curiosité et bonté. La pleine conscience est à la fois un état d'esprit et une pratique spirituelle quotidienne, une forme de méditation.

Pourquoi moi ?

Quand nous sommes confrontés à l'une des données de la vie, il nous arrive de nous demander : « Pourquoi une chose si terrible arrive-t-elle à quelqu'un de bien comme moi ? Je mérite mieux que cela. » La version consciente de la même question est celle-ci : « Oui, cela est arrivé. Que faire maintenant ? » Nous remarquons alors que nous sommes plus heureux quand nous acceptons ce que nous n'aimons pas *dans* la vie comme une donnée *de* la vie. Notre oui éclairé est un sésame vers ce paradoxe protecteur.

Quand nous consentons sans réserve aux choses que nous ne pouvons pas changer, nous disons oui à nous-mêmes, tels que nous sommes, dans le déploiement permanent de notre vie propre. Les conditions de l'existence sont nos expériences personnelles, non des forces étrangères ou des obstacles à éviter. Ce sont aussi les expériences universelles de tout un chacun. Tout être humain ayant vécu sur cette terre a affronté les cinq données majeures. Étant partie intégrante de l'être humain, elles doivent en être une partie *nécessaire*. Quand enfin nous embrassons ces données comme des extensions de notre condition humaine, nous leur disons un oui qui n'est ni une résignation ni un acquiescement passif. Nous disons simplement oui aux *ingrédients* de notre propre humanité.

Toutes les données de la vie sont fondées sur ce fait incontournable : tout peut arriver à tout le monde. C'est la donnée entre toutes. La plupart d'entre nous ont du mal à croire que cela s'applique à eux. Nous croyons qu'avoir beaucoup de chance ou ne pas en avoir du tout peut arriver à d'autres, mais jamais à nous. Croire pleinement et totalement que tout peut nous arriver est un accomplissement adulte qui nous offre deux merveilleux présents. D'abord, nous renonçons à la vision qu'a notre moi de lui-même comme digne d'un traitement privilégié ; nous abandonnons l'idée infantile qu'un sauveur, venu de ce monde ou d'un autre, va surgir pour nous seul, pour nous préserver des coups durs de la vie. Ensuite, croire que tout peut nous arriver nous pousse à l'humilité et à un sentiment de proximité vis-à-vis de nos frères humains. « Rien de ce qui est humain ne m'est étranger », écrivait le poète latin Térence au IIe siècle avant J.-C. Il y a quelque chose d'extrêmement consolant dans le sentiment d'appartenance, dans la sensation d'être dans le même bateau que tous les autres, si dure que puisse être parfois la vie.

Les données de la vie sont le code de notre évolution personnelle. Un oui inconditionnel aux données de la vie est la façon de briser le code, ou plutôt de le déchiffrer. Dans la vision bouddhiste traditionnelle, naître sous la forme humaine est une grande bénédiction. Le royaume humain contient le parfait mélange de souffrance et de joie capable de nous éveiller, de nous illuminer. En somme, les données de la vie nous aident à trouver le parfait mélange d'expériences qui conduit à l'éveil.

Toutes les choses ont une tendance naturelle, irrépressible à évoluer, c'est-à-dire à atteindre leur plein potentiel au sein de conditions changeantes. En conséquence, l'espoir qui nous réconforte si souvent n'est pas une vaine chimère. L'espoir est une réponse authentique à l'inclination inhérente, irrépressible de la vie vers la satisfaction. Tout ce qu'il nous faut, c'est un oui inconditionnel – c'est-à-dire éclairé et conscient – aux données, sans débat ni plainte.

Les données comme des dons

Le mot « donnée » a un double sens. C'est une condition qui ne peut pas être modifiée, mais c'est aussi quelque chose qui nous est garanti. Une fois que nous avons dit oui, les données de la vie se révèlent soudain comme des *dons*, les meilleurs véhicules pour notre évolution. Les données sont implacables, mais aussi riches en sagesse. Ce n'est que dans des conditions aussi rudes que nous avons pu évoluer. Les données de la vie sont des dons parce que ce sont des ingrédients du caractère, de la profondeur et de la compassion.

Que faut-il pour trouver la dimension de don dans les nombreux défis de la vie ? D'abord et avant tout, il faut cesser de vouloir les maîtriser ou les détourner. Alors les données déconcertantes de la vie deviennent des portes vers la libération. Mais une longue tradition nous pousse à réagir par la défensive et la résistance aux défis de la vie. En effet, résister au mal-être fait partie de notre héritage humain. Quelle ironie dans cette tentative désespérée d'éluder notre inaltérable condition humaine, et les conditions susceptibles en réalité d'œuvrer à notre croissance !

La phrase « accepter ce que nous ne pouvons pas changer » donne l'impression que nous n'acceptons les choses que parce que nous sommes incapables de les changer. En fait, quand nous avons compris que ce qui arrive hors de notre contrôle peut être exactement ce dont nous avons besoin, nous voyons que l'acceptation de la réalité peut être notre façon de participer à notre propre évolution. La sérénité nous vient non seulement d'accepter ce que nous ne pouvons pas changer, mais de cesser de vouloir en garder la maîtrise à tout prix. Les événements qui surviennent sont porteurs d'une signification, et celle-ci ayant de multiples niveaux, nous aborderons souvent ce sujet au cours de ce livre.

Le oui inconditionnel nous rend disponibles à la joie ou à la peine. Accepter le monde dans ses propres termes, c'est vivre une vie héroïque. Dans les mythes classiques, il vient toujours une phase du combat où le héros doit affronter les conditions de la vie. Un héros est quelqu'un qui a survécu à la douleur, qui a été transformé par elle, et qui s'en sert pour aider les autres. Comme le dit le roi Lear de Shakespeare : « Vous voyez ici un pauvre vieil homme autant chargé de peines que d'années. Un très pauvre homme rompu aux coups de la fortune qui, pour avoir connu poignantes peines, est ouvert à la bonne pitié. »

Les données de sa vie ont préparé Lear à éprouver de la compassion pour les autres. Notre travail spirituel n'est pas purement personnel. En tant qu'individus, nous sommes sans cesse poussés à activer les possibilités évolutionnaires de l'esprit humain collectif. Finalement, nous nous engageons dans la pratique spirituelle pour pouvoir emmener toute l'humanité avec nous vers l'illumination. C'est en effet un caractère intrinsèque à la bonté que de se donner. Aristote pensait déjà que le Bien se propage naturellement.

Des êtres aussi complexes et créatifs que nous ne pourraient se satisfaire d'un monde sans données qui élargissent l'âme. Shakespeare, Mozart et Einstein ne seraient pas apparus dans un monde où les choses ne changeraient pas et n'auraient pas de fin, un monde où les choses seraient pleinement prévisibles, où la vie n'inclurait pas de souffrance et où tout le monde nous aimerait loyalement. Ce monde serait superficiel et finalement « lourd, ranci et plat », comme le dit Hamlet de son petit univers borné.

Les gens créatifs perçoivent dans les conditions de l'existence un sens qui dépasse les significations que peut imposer la société. Ils remodèlent les données de la vie comme des œuvres d'art, parce que les données sont des sources de créativité et de nouvelles possibilités. Nos propres imperfections et celles du monde deviennent la glaise dans laquelle ils façonnent un chef-d'œuvre. L'artiste la modèle et en fait quelque chose d'utile et d'édifiant pour les autres, comme un oiseau qui nourrit ses jeunes de la nourriture qu'il a déjà en partie digérée.

Les données comme des grâces

Trouver le véritable bonheur dans la vie exige de nous développer sur le plan émotionnel et spirituel. La conscience spirituelle brise le dualisme, nos notions simplistes du bien et du mal. Un oui inconditionnel est un oui aux paradoxes de la vie. Un paradoxe combine des contraires apparents. Par exemple, nous disons un oui inconditionnel à une existence conditionnée par des changements et des fins. Nous pouvons prendre des engagements même si nos plans s'écroulent. Nous pouvons conserver notre compassion, si injuste que le monde puisse se montrer à notre égard. Nous pouvons être aimants envers les autres, si cruels qu'ils se montrent avec nous. Rien de ce qui nous arrive ne doit nous désarçonner de la monture baptisée Oui. Nous pouvons reconnaître le côté sombre des gens sans pourtant les abandonner, ce qui est un autre trait de maturité spirituelle.

Voici d'autres exemples des paradoxes que nous pouvons embrasser avec joie tant que nous reconnaissons la valeur des données :

- Bien que *tout change et finisse*, les choses se renouvellent et se dirigent à travers des cycles vers une nouvelle évolution.
- Bien que *les choses ne se déroulent pas toujours selon nos plans*, nous sentons parfois à l'œuvre un projet plus vaste à travers une synchronicité ouvrant sur de saisissantes possibilités.
- Bien que *la vie ne soit pas toujours juste*, quelque chose en nous reste attaché à la justice et refuse l'injustice en retour ou la vengeance.
- Bien que *la souffrance fasse partie de la vie*, nous avons des moyens de l'affronter et d'étendre ainsi nos capacités à gérer la souffrance à venir et à aider les autres dans la leur.
- Bien que *les gens ne soient pas toujours aimants et loyaux*, rien ne doit entraver nos façons d'agir, guidées par la douceur aimante et le souci de ne pas laisser tomber les autres. Aucune action humaine ne peut ôter la capacité à aimer d'un autre être humain.

Les données sont énoncées d'une façon qui peut sembler négative, mais chacune a son côté positif. Les paradoxes ci-dessus montrent la dimension positive de chaque donnée de l'existence. Chaque fois que nous réagissons à une donnée par un oui, nous nous développons sur le plan émotionnel et spirituel : nous progressons en patience, en pardon, en générosité, en sagesse, en gratitude, en persévérance et en amour inconditionnel.

Mais finalement, comme beaucoup de choses dans la vie échappent à notre maîtrise, nous pouvons avoir besoin d'un coup de pouce particulier, de quelque chose que notre moi ne peut pas fournir, que notre esprit limité ne peut pas concevoir, que notre frêle volonté ne peut pas mettre en acte. C'est la force adjuvante de la *grâce*, le complément spirituel à l'effort. Quelque chose nous pousse qui est plus grand que nous et rend notre voie plus facile à suivre.

Les Upanishad, les textes sacrés de l'hindouisme, se réfèrent ainsi à la grâce : « Le Soi (la vérité) ne peut être atteint ni par les Veda (les écritures) ni par la compréhension, ni par l'enseignement. Celui que le Soi choisit, celui-là atteint le Soi. » La grâce est un don que fait le Soi supérieur au moi. Une source au-delà du moi nous garantit le don de transcender nos limites ordinaires. La grâce signifie que nous ne sommes pas seuls ; nous sommes toujours accompagnés :

- Quand nous sommes persuadés que nous ne tiendrons pas une minute de plus et que nous tenons, c'est la grâce d'une vie du Créateur en nous.
- Quand nous sommes persuadés que nous ne pouvons pas trouver la lumière et que nous la trouvons, c'est la grâce de la Lumière du Monde en nous.
- Quand nous sommes persuadés que nous sommes à bout de souffle et que nous prenons une inspiration de plus, c'est la grâce de l'Esprit qui souffle à travers nous.

Nos cœurs ont été taillés dans la lumière. Le oui inconditionnel aide notre cœur à faire rayonner sa lumière. Les grâces sont ces dons particuliers qui brisent les limites de notre esprit, de notre volonté et de notre cœur. La grâce étend notre intellect en nous dotant de sagesse intuitive. Nous sommes soudain inspirés par quelque chose que nous n'avions pas trouvé par la logique. La grâce étend notre volonté en nous donnant une force ou un courage que nous n'avions pas auparavant. La grâce élargit notre cœur en rendant possible d'aimer plutôt que de haïr, de se réconcilier plutôt que de se venger, de faire preuve d'humilité plutôt que d'arrogance. Nous ne pourrions pas faire tout cela de notre propre chef ; notre moi centré sur lui-même ne trouverait pas de motivation pour une telle vertu. La grâce est l'allié et le guide intérieur, la force motivante de notre pratique spirituelle.

À mesure que les données deviennent des grâces, un remerciement inconditionnel vient se joindre à notre oui inconditionnel. Quand nous acceptons le bien avec le mal, le facile avec le difficile, nous éprouvons une gratitude naturelle. Hamlet dit à Horatio : « Tu as été celui qui, souffrant tout, ne souffre en rien, l'homme qui a subi d'humeur égale les avanies et les dons de la fortune. »

Chaque donnée de la vie nous arrive suivie de nombreuses grâces. Le fait que les choses changent et finissent signifie que nous pouvons trouver dans l'impermanence la grâce de suivre le flux de la vie. La santé, tant psychologique que spirituelle, consiste à se laisser porter par le flux des événements, au lieu d'être arrêté ou dévasté par eux. Le fait que les choses ne se déroulent pas toujours selon nos plans signifie que de nombreuses puissances au-delà du moi sont à l'œuvre dans notre vie, qui nous mènent à notre destin par une voie que nous aurions pu ne pas soupçonner. Quand nous avons compris que nous sommes soutenus par des puissances situées au-delà de notre moi, nous voyons que se sentir tenu de tout maîtriser n'est pas forcément au mieux de notre intérêt : nous risquerions de contrecarrer des plans plus vastes qui se préparent pour nous.

Le fait que la vie n'est pas toujours juste, même si nous savons d'instinct ce qui serait juste, signifie que nous sommes tous appelés à créer les conditions de la justice dans le monde. Quand nous répondons oui à un tel appel, nous découvrons notre courage. Nous trouvons alors les moyens de nous équilibrer et d'aider le monde à s'équilibrer lui-même.

Le fait que la douleur fait partie de la vie suscite les grâces de l'endurance, de la patience et de la compassion. Nous sommes affectés par la douleur des autres et moins susceptibles d'être une source de douleurs pour eux.

Le fait que les autres ne sont pas toujours loyaux ou aimants inflige ces blessures qui font de nous des gens profonds et pleins de caractère. Peut-être de telles blessures sont-elles des grâces, puisque nos béances peuvent être des ouvertures à la totalité. Et, surtout, nous sommes mis ainsi au défi de montrer un amour inconditionnel.

La grâce n'est pas soporifique ; elle arrive le clairon à la main. Chaque grâce est un réveil qui excite notre effort. J'espère montrer dans ce livre comment les grâces nous sont offertes sous la forme des données. En outre, si nous avons le courage d'affronter les incontournables vérités de la vie, nous trouverons la grâce d'aimer quoi qu'il nous arrive. L'amour est toujours inconditionnel en ce sens qu'il n'est entravé ni étouffé par aucune des conditions de l'existence. Les changements, les fins, les plans modifiés, l'injustice, la souffrance, la déloyauté, le manque d'amour – rien de tout cela ne peut nous empêcher d'aimer. Notre oui à une grâce si stupéfiante est ce que notre moi veut toujours dire, puisqu'il signifie la fin de la peur et le début de la liberté.

PREMIÈRE PARTIE

Les données de la vie

« Affronter la brutalité de la réalité est la plus haute forme de santé et de vision illuminée [...]. La dévotion procède par différents stades de démasquage jusqu'à ce que nous parvenions à voir le monde de façon simple et directe, sans lui imposer nos fabrications. [...] Nous pouvons avoir le sentiment d'être perdu ou exposé, le sentiment d'être vulnérable. C'est simplement un signe que le moi perd de son emprise sur son territoire ; ce n'est pas une menace. »

Chögyam Trungpa RINPOCHE

CHAPITRE PREMIER

Tout change et finit

La première donnée de la vie est que les changements et les fins sont inévitables pour toute chose et pour tout être vivant, pour toute relation ou passion. Rien n'est parfait ni satisfaisant en permanence, ni même n'est quoi que ce soit en permanence. Tout s'effondre avec le temps. Chaque commencement conduit à une fin. Toute expérience, toute personne, tout lieu et toute chose s'inscrit dans l'espace d'une vie. Nos relations traversent par des phases, de la passion à l'engagement, en passant par le conflit. Puis elles se terminent par la mort ou la séparation. Notre intérêt pour un hobby ou une carrière décrit une courbe de Gauss en forme de cloche : montée d'intérêt, acmé et déclin. Nos corps vieillissent. Nos biens se détériorent. Nos souvenirs s'évanouissent. Le monde de la nature change lui aussi. Des espèces animales disparaissent. Des tremblements de terre réalignent les plaques continentales. Les saisons changent. Même la rose va faner après sa splendide floraison.

Pourtant, une fois que nous faisons confiance au processus d'évolution, nous comprenons que la façon dont sont les choses ne peut être que la meilleure. Les changements sont des alignements soigneusement minutés qui permettent à l'univers de perdurer et de se déployer. Cela reste finalement un mystère, car il est difficile de savoir pourquoi les choses doivent être ainsi. Tout ce que nous pouvons observer, c'est que la vie aime la variété et la renaissance, et que cela s'obtient au prix de la fin. Peut-être les choses finissent-elles pour nous permettre d'atteindre ce pic spirituel auquel on ne peut accéder qu'en lâchant prise. Cela aussi est un mystère, et face à lui, la seule attitude sensible est de transformer notre « Pourquoi ? » en « Oui ».

Nous pouvons accueillir les données de la vie. Le oui inconditionnel est l'hospitalité donnée à la vie sous quelque déguisement qu'elle nous visite. Dans le livre de la Genèse, Sarah et Abraham offrent l'hospitalité à trois étrangers, sans savoir qu'ils sont des anges. Dans la mythologie grecque, Philémon et Baucis accueillent deux passants qui sont Zeus et Hermès déguisés. Ainsi l'hospitalité peut révéler le divin dans l'inconnu. Un oui accueillant révèle le monde spirituel et nous éveille à lui. Dire oui à la réalité, c'est accueillir l'éternité. Dire oui au fini et au limité, c'est accueillir l'infini et l'illimité.

Le caractère impermanent de la réalité ne signifie pas pour autant qu'elle soit triviale, inutile ou superficielle. Il peut être une indication de la sainteté des choses. La sainteté est la totalité. Le sentiment du sacré est la conscience des possibilités sacrées dans des événements finis. La sainteté est l'état de complétude des choses, des événements et des relations humaines : les débuts mais aussi les fins.

L'impermanence doit-elle anéantir nos chances de bonheur ? Comme le dit l'Ecclésiaste, « vanité des vanités, tout est vanité ». Le mot hébreu traduit par « vanité » signifie plus littéralement « aérien ». Pourtant, ce même livre nous dit de jouir de la vie avec notre compagne, de manger et de boire du vin de bon cœur, et d'accomplir notre travail quotidien dans la joie (Eccl. 9.7-10). La réponse à la triste façon dont va toute chair consiste à jouir charnellement de toutes choses. Une voie vers le mystère du changement et de la fin peut être celle du paradoxe : dire oui avec enthousiasme à ce qui n'est pas satisfaisant.

Évitement ou acceptation

Maître Eckhart a écrit : « Tout est fait pour être abandonné, afin que l'âme puisse se tenir dans un néant sans entraves. » Songez à la profondeur de cette prédication. Elle peut être la vôtre autant que la sienne. Nous commençons par nous examiner et regarder tout autour de nous en disant : « Tout cela finira. » Puis nous nous regardons sans toutes les choses auxquelles nous sommes accrochés en nous disant : « Je ne veux plus être encombré. Je veux être un pur rien. Je veux me dresser dans la totalité du oui. »

Dans notre culture, nous évitons sans cesse de regarder la réalité du changement et de la mort. Nous agissons comme si nous étions incapables de l'affronter. Pourtant, nous sommes nés équipés d'une technologie organique qui sert à gérer les pertes et les fins : nous pouvons porter le deuil. À moins de surmonter ou d'anesthésier nos sentiments, nous pouvons automatiquement nous sentir tristes, en colère et effrayés face à une perte. Tels sont les sentiments du deuil qui nous aident à affronter la triste réalité de la mort et de la fin. Le deuil est le visage du oui quand nous affrontons les conditions de l'existence avec sensibilité. Le fait que nous soyons capables de chagrin est le signe que nous sommes conçus pour affronter les pertes et les fins et pour les résoudre. Notre propre nature, comme la nature elle-même, est calibrée pour affronter la mort au lieu de la nier. De fait, la mort ne sera pas étrangère à ceux qui ont passé leur vie adulte à renoncer au moi et à ses adhésions. Le chagrin, le oui des larmes, permet d'accepter la réalité et ses conditions, y compris la fin qu'apporte la mort. Dans la mesure où chacune des données de la vie représente une perte, le travail du deuil est un moyen efficace pour les affronter toutes. Tant que nous adhérons au déni de la société face au besoin de deuil, nous perdons toute chance d'être forts face à ce que la vie apporte. C'est à nous d'autoriser le deuil qu'exigent toutes les conditions de la vie. C'est à nous d'être convaincus que le deuil est précisément la façon dont nous résolvons nos pertes et avançons grâce à elles vers ce qui vient ensuite, le style évolutionnaire.

Faire le deuil d'un compagnon ou d'un membre de la famille conduit à laisser partir celui ou celle que nous avons perdu. Le chagrin nous prépare à abandonner le passé pour nous approcher de nouvelles personnes qui ressemblent à celles que nous avons perdues. Nous ne retrouverons pas une mère, mais nous pouvons connaître des moments d'amour filial avec des gens qui sont pour nous un soutien. Ainsi nous ne sommes plus seuls et isolés, mais réconciliés avec la réalité et reconnectés à d'autres humains. La réconciliation est la capacité à accepter une approximation. Tel est le oui du compromis sain.

Attirance ou répulsion

Nos attirances et nos répulsions envers les gens, les lieux et les choses semblent suivre une courbe de Gauss. Nous voyons trois phases dans la courbe : montée, acmé, descente. Nous entendons une chanson qui nous plaît (montée de l'intérêt) ; nous achetons le CD et l'écoutons constamment (pic de jouissance) ; puis nous l'écoutons moins souvent (chute de l'intérêt) ; enfin, nous n'écoutons plus que rarement une chanson que nous avions adorée. L'intérêt qu'elle nous inspirait a dépassé le sommet de la courbe.

Cette même courbe existe pour nos répulsions, comme le montre l'histoire de la Belle et la Bête. D'abord, la Belle éprouve du dégoût, mais elle finit par tomber amoureuse. Puisqu'il s'agit d'un conte de fées, nous en restons au pic positif : « Ils vécurent heureux. » Vouloir que le pic positif de toute expérience reste permanent, c'est vivre dans un conte de fées.

Nous voyons un autre exemple de la courbe de répulsion dans la façon dont nous réagissons à un film d'horreur. D'abord nous détournons la tête par peur ou dégoût. Mais à mesure que le monstre apparaît scène après scène, nous nous habituons à son aspect et nous n'avons plus peur. La courbe en forme de cloche, cette figure géométrique innée pour chacun de nous, est ce qui travaille à l'absence de peur.

Les relations intimes suivent ce même schéma. « Ce n'est plus comme avant », disons-nous d'une relation. Nos sentiments romantiques montent, arrivent à un pic d'excitation, puis nous remarquons que cette excitation s'est éteinte. Nous avons alors le choix de rompre ou de façonner un amour nouveau, plus mature, fondé non sur l'excitation mais sur l'engagement. Notre plus grande erreur, pour nous les humains, consiste à nous attacher au fait que quelqu'un se comporte d'une certaine façon, puis de penser que cela ne changera jamais. Dans l'histoire de Goethe, Faust a fait un pacte avec le diable. Il perdrait son âme s'il disait jamais : « Reste, tu es si belle. » Nous perdons notre vie spirituelle quand nous tentons de nous accrocher à la perfection ou à l'absence de changement.

Dans notre permanente tentative de nier les conditions de l'existence, il nous arrive de recruter un partenaire. Les relations intimes prennent une importance cruciale pour la survie dans une société où la religion est en déclin. Les relations deviennent le nouveau refuge, la nouvelle puissance supérieure. Le collectif a cédé devant le personnel. En l'absence d'un Esprit supérieur, nous nous accrochons d'autant plus vivement au corps situé au-dessous. Aussi l'échec d'une relation porte-t-il un double chagrin, suscitant même de la panique.

Les cinq données principales de la vie défient nos illusions les plus profondes. Le fait que les choses changent défie l'illusion de la permanence. Le fait que les plans ne se réalisent pas défie notre illusion de maîtrise. Nos illusions que les choses seront justes, que la douleur nous épargnera, ou que les gens seront d'une fiabilité à toute épreuve sont mises en question par les données que nous affrontons au cours de notre vie. Les données nous libèrent à la fois de notre ignorance et de nos illusions.

Dans une pratique comme celle de la pleine conscience, nous cultivons l'attention à l'ici-et-maintenant sans laisser interférer nos fables ou nos réinterprétations. C'est ainsi que nous sommes libérés de l'illusion. La pleine conscience nous escorte vers le juste milieu entre attraction et répulsion. Nous ne nous attachons pas à ce qui nous attire, et nous ne fuyons pas ce qui nous répugne. Nous restons simplement dans notre réalité présente en regardant nos désirs s'approcher ou se retirer sans avoir à agir sur eux. C'est dans cette position médiane que se situe le oui à la réalité totale au lieu du non à telle ou telle dimension de celle-ci. Ce choix concerne à la fois le travail psychologique *et* la pratique spirituelle. Sur le plan psychologique, il est bon d'avancer vers les choses ou de s'en détourner. C'est un signe sain de discrétion, de discernement et d'affirmation. La psychologie est la science du moi, et le moi prospère sur les distinctions et les choix. Mais le « soit… soit » ne laisse pas de place à la dimension spirituelle du discernement. Il est ignorance, insistance sur une option, et non embrassement de toutes les possibilités contenues dans le spectre.

La flexibilité spirituelle prospère sur la réconciliation des contradictions apparentes. Elle est la science du paradoxe, c'est-à-dire le « et… et ». Par exemple, dans la pratique bouddhiste, les vœux du bodhisattva enjoignent au pratiquant de faire passer les autres avant lui. Ce même engagement se retrouve dans le commandement « Aime ton prochain », qui existe dans toutes les traditions religieuses. Pourtant, l'affirmation de soi – une compétence psychologique – consiste à nous faire passer en premier sans blesser les autres. Comment réconcilier ces deux recommandations ?

La réponse consiste à distinguer les différentes régions de chaque dimension de la vie. Dans le travail psychologique, nous œuvrons avec la dualité, puisque notre « soi » réside dans notre unicité. Dans la pratique spirituelle, nous ne rencontrons pas de dualisme du tout, puisque nous n'avons pas de « soit… soit », mais seulement une interconnectivité du type « et… et ». Je m'occupe de moi, mais pas aux dépens des autres ; je fais passer les autres en premier, mais pas aux dépens de moi-même.

Le mouvement de *self-help* nous apprend à intégrer notre travail psychologique et notre pratique spirituelle, mais risque de nous faire oublier cette importante distinction : ils ne sont pas identiques, puisque l'un est dualiste et l'autre non. L'intégration est la tâche du paradoxe par lequel nous reconnaissons les différences et trouvons un moyen de vivre *entre* elles. C'est dans ce juste milieu que se trouve l'équilibre qui donne l'adjectif *inconditionnel* au oui inconditionnel, c'est-à-dire un oui qui n'est plus conditionné ou déterminé par un « soit... soit ».

« Et... et » reflète les enseignements de la tradition tantrique bouddhiste, qui embrasse les conditions d'existence comme le matériel fondamental de la pratique spirituelle. Nos problèmes personnels et nos conflits interpersonnels deviennent la voie vers la compassion et la sagesse. Nous ne dénions ni n'évitons les sentiments que suscitent les conditions de la vie. Les données et nos réactions à celles-ci sont des ingrédients essentiels de l'illumination – faisant du monde lui-même une épiphanie de lumière. Le tantra transforme l'évolution de notre conscience en une unité primaire et indestructible. La conscience, en effet, *est* la force de vie de l'univers.

Nous voyons à tout instant dans ces pages comment chaque véhicule – spirituel, mystique, psychologique – du oui aux données de la vie endosse et apprécie notre interconnectivité. Il s'agit là d'une globalisation de la conscience. Ce n'est pas seulement notre conscience personnelle qui s'accroît, mais aussi notre capacité collective à la conscience. Notre lumière personnelle accroît la capacité de lumière qu'a le monde.

Vieillir : une image qui change dans le miroir

Notre personnalité passe elle aussi par des phases tout au long de notre vie. Le moi parfois arrogant de notre adolescence croît en ambition et en sentiment d'invincibilité jusqu'à l'âge adulte. Nous imprimons notre marque sur le monde en jouant des coudes pour parvenir au sommet. Nous pouvons imposer des stress à notre corps sans effets négatifs sur notre santé. Mais quand nous passons l'âge de quarante-cinq ans, les choses changent. Si nous disons oui au changement, nous le traversons avec grâce et aplomb. Si nous luttons contre lui ou essayons de perpétuer le style de la jeunesse, nous n'y récoltons qu'une crise de l'âge mûr ou des problèmes de santé.

Le défi psychologique consiste à accepter la donnée que notre moi ne menait que temporairement la barque, puisqu'il était conçu pour revenir à une posture plus humble. Cela ne veut pas dire que nous soyons inutiles ou moribonds, mais simplement que nous sommes désormais dans une nouvelle phase de notre vie, qui a sans doute moins de panache mais plus de sagesse.

Quand j'ai commencé à avoir du mal à lire, j'ai d'abord nié que je perdais des dixièmes de vue. J'ai commencé alors à me servir d'une loupe. Je suis bientôt passé aux lunettes-loupes, refusant encore de voir l'ophtalmologue. Quand les migraines ont commencé, j'ai fini par y aller, et il m'a donné une ordonnance. Je me rappelle l'avoir obligé à m'assurer qu'il m'avait prescrit les lentilles les plus faibles, rien qui représentât un véritable besoin. Je voyais bien qu'il avait déjà rencontré des gens comme moi : des types vieillissants essayant de nier qu'il était l'heure de lâcher prise. Mon corps avait dit oui bien avant que mon esprit puisse suivre.

Notre corps nous aide à dire oui parce qu'il se modifie au cours de notre vie – dans sa forme, ses performances et sa puissance. Notre corps déclare résolument la noble vérité de l'impermanence. À certains égards, les données sont des vérités nobles : elles nous disent l'histoire universelle d'une vie humaine, et nous invitent à la suivre au lieu de tenter de la corriger selon les désirs de notre moi toujours insatisfait. En vieillissant, nous pouvons adhérer avec grâce à ces altérations de l'âge. Ce oui nous libère d'un excès d'inquiétude pour notre apparence. La nature peut alors nous ramener à la sagesse, que l'âge nous rend plus aptes à trouver et à partager. Plus notre concentration reste superficielle, moins cela risque de se produire. Nous sommes alors incapables de devenir l'archétype du guide plein de sagesse pour la génération suivante.

Pourquoi y a-t-il au même moment sur la planète des gens d'âge différent ? Chacun a un rôle nécessaire, qui se modifie tout au long de la vie. Je suis d'abord le jeune-turc, puis le vieux sage. Si je suis obsédé par les choses matérielles, je deviens le vieil avare et je perds ma chance d'offrir ma contribution. Si je m'obsède sur mon physique, je deviens un vieux narcissique qui perd l'occasion de se montrer généreux. Ce n'est pas qu'il soit mauvais de vouloir paraître à son avantage. Le danger, c'est d'être à ce point obsédé par notre apparence que notre vanité nous rend aveugle à notre destinée.

Notre société est fascinée par la jeunesse, et en l'absence d'une conscience spirituellement mature, nous risquons d'être victime de ses séductions. Qu'il serait triste d'arriver à la fin de la vie sans avoir laissé notre inclination naturelle à la sagesse s'épanouir aussi pleinement que possible ! Dire oui au fait que toutes les choses changent et finissent, c'est consentir à laisser faire la nature. Cela signifie souvent des rides *et* de la sagesse. Elles vont ensemble, bien que la sagesse puisse survenir comme une grâce à tout âge ; quant aux rides, il faut reconnaître qu'elles arrivent en effet en nous apportant peu de sagesse dans leur sillage. Nous ne pouvons pas contrôler le processus ni nous voir garantir la sagesse, mais un oui inconditionnel nous place dans la meilleure position pour laisser passer la lumière.

Ce qui nous rend si soucieux de maîtrise

Le contraire du oui n'est pas le non ; c'est le désir de maîtrise. Cette pulsion est gouvernée par la peur de ressentir quelque chose de douloureux. Chaque donnée est une insulte pour le moi persuadé qu'il a la pleine maîtrise de tout. Le oui est acceptation ; la maîtrise est refus. Nous pouvons apprendre à accepter le fait que nous sommes parfois incapables d'empêcher un changement malvenu dans notre vie. Paradoxalement, cette acceptation ouvre à la sérénité. Vouloir conserver la pleine maîtrise de ce qui va nous arriver nous pousse à nous opposer aux faits de la vie et nous maintient sous pression. Notre vie n'est qu'une série d'oscillations entre terreur et maîtrise tant que nous bégayons devant le mot *oui*.

Abandonner la maîtrise revient à dire que nous ne pouvons nous protéger d'aucune des données. La maîtrise est l'un de nos moyens favoris d'échapper à la vie telle qu'elle est. La maîtrise est une illusion si ancrée que nous croyons même pouvoir y renoncer du simple fait de le vouloir. Ce n'est pas le désir de maîtrise que nous abandonnons, mais bien la croyance que nous avons la maîtrise. Le reste est grâce. Les données de la vie sont les outils que nous fournit l'univers pour cette leçon.

L'inquiétude est directement liée au désir de maîtrise. Nous croyons nous inquiéter pour notre avenir, nos finances, nos relations, notre emploi, et tous les autres éléments imprévisibles de notre vie. En fait, tout cela ne forme qu'une seule inquiétude : celle de n'avoir pas la pleine maîtrise de ce qui va nous arriver. Ce qui nous inquiète, c'est notre manque de confiance en nous pour gérer ce qui nous arrive. Nous sommes inquiets parce que nous ne sommes pas certains que la donne des cartes nous sera favorable. Nous sommes inquiets parce que nous n'avons pas encore dit oui. *Je remarque qu'à présent que je pratique le oui inconditionnel, je suis moins inquiet.*

Quand nous commençons à dire oui aux réalités de notre vie, il est bon de nous garder d'imposer notre oui particulier aux autres, car nous avons tous une réalité différente à affirmer. Quand je modifiais mon régime en faveur d'aliments sains, je me rappelle avoir prévenu une fois encore mon fils, alors âgé de vingt ans, contre la « malbouffe ». Sa réponse m'est restée gravée en mémoire : « Mais moi, j'ai tout mon temps. Je peux manger des cochonneries sans qu'il m'arrive rien. Quand le temps viendra de passer à une nourriture saine, je le saurai et je changerai à ce moment-là. » Ce n'était pas totalement vrai, mais pas loin. J'imposais mon nouveau oui à son jeune corps, et il n'y adhérait pas.

Je veille maintenant davantage avec Josh et tous les autres à ne pas devenir la CIA : Critique, Interprète et Autorité. Nous pouvons nous contraindre à titre de pratique spirituelle à ne pas critiquer le comportement des autres, à ne pas interpréter leurs actes selon notre nouvelle vision du monde, et à ne pas leur donner de conseils si nous n'y sommes pas invités. Éliminer ces trois comportements de notre répertoire, notamment avec nos partenaires et les membres de notre famille, rend notre communication beaucoup plus aimante et respectueuse. Les cinq qualités essentielles de l'amour authentique – attention, acceptation, appréciation, affection et autorisation (ce que j'appelle les cinq A) – ont du mal à prospérer avec la CIA à leurs trousses.

Pourquoi la maîtrise est-elle une si grande affaire pour la plupart d'entre nous ? Nous tentons peut-être par ce biais de conjurer nos pertes. Nous n'aurons pas de deuil à faire si tout se passe comme nous le voulons.

Nous ne recherchons pas la maîtrise parce que nous sommes égoïstes ou exigeants, mais bien parce que nous avons peur du chagrin. Ce n'est pas agréable d'éprouver de la tristesse. Cela fait mal de reconnaître que nous avons subi une perte. Notre moi mis à nu se sent insulté et impuissant, et cela nous est intolérable. Tant que nous gardons la maîtrise, nous évitons toutes ces invitations à l'humilité. C'est là une explication pleine de compassion de notre fichu désir de maîtrise.

Notre travail spirituel consiste à vivre plus pleinement dans le présent. La première donnée de la vie, le fait de l'impermanence, signifie que tout dans notre vie continuera à changer. « L'enfer est enfermé dans le moi », dit Joseph Campbell : il s'efforce sans trêve de garder la maîtrise des choses pour qu'elles restent les mêmes. Par la pratique et la grâce, nous pouvons nous éveiller à une nouvelle conscience. L'opportunité toujours présente et non éradicable de changer est une raison de ne jamais lâcher prise sur nous-même ou sur les autres. Alors, même l'enfer devient impermanent.

Quand nous abandonnons ce que Shakespeare appelle dans *Hamlet* « notre grincheux refus » des données de la vie, nous jetons notre lot avec celui du reste de l'humanité. Alors nous ne sommes plus seuls et nous cessons d'échouer dans nos négociations avec le monde. Elles se connectent dans la félicité et nous aussi. Nous avons la tête tournée vers le ciel quand nous chevauchons dans la même direction que la réalité. Cela revient à vivre sa vie sans fioritures, sans coussin amortisseur, sans parrain pour nous couvrir. En revanche, nous apprécions de découvrir notre cœur à nu et de déposer notre étincelante armure : je me soucie moins désormais de maîtriser mon apparence. Je deviens curieux de savoir à quoi je vais ressembler.

Tant que nous nous battrons contre les règles de la vie, nous craindrons le contact direct avec la réalité qui est l'essence de la croissance véritable. Nous trouverons la pleine conscience difficile, parce qu'elle insiste sur la pleine présence au moment tel qu'il est. Nous pouvons enrôler de nombreux éléments extérieurs pour nous protéger : l'argent, le sexe, l'alcool, le café, la nourriture, la cigarette, la drogue et, bien sûr, les mouvements incessants de notre esprit frénétique avec ses espoirs et ses craintes. Quand nous regardons tout au fond de nos peurs, nous voyons que, fondamentalement, toute peur est celle de ne pas avoir la maîtrise.

Nous pouvons passer à côté de ce problème de maîtrise dans certaines sensations qui nous sont une gêne quotidienne. La maîtrise reste l'ennemie d'un oui robuste et sain à la réalité telle qu'elle est. Ce n'est pas que nous en voulions à la réalité ; c'est que nous sommes mécontents de ne pas la maîtriser. En y regardant de plus près, nous pouvons discerner un désir de maîtrise dans des contrariétés de ce type :

- Nous voulons être différents de ce que nous sommes.
- Nous voulons que les autres soient différents.
- Nous voulons que quelqu'un nous rappelle ou vienne nous voir.
- Nous n'aimons pas les examens, ni l'attente des résultats.
- La maison n'est pas aussi nette et propre que nous le voudrions.
- Nous n'arrivons pas à nous débarrasser des fourmis et des cafards une bonne fois pour toutes.
- Nous n'arrivons pas à faire baisser durablement notre poids ou notre tension.

- Nous sommes obsédés par ce qui s'est passé ou par ce qui risque de se passer.
- Nous avons des sensations, des humeurs et des habitudes que nous n'aimons pas.
- Nous ne dormons pas aussi bien que nous le voudrions.
- Nos parents, enfants, compagnons ou amis n'agissent pas comme nous le voudrions.
- Nous ne pouvons pas nous empêcher d'anticiper toutes les possibilités.
- Nous n'arrivons pas à obtenir de certaines personnes qu'elles nous aiment quoi que nous fassions.
- Nous n'avons pas réussi dans un travail, une relation, ou dans nos prévisions financières.
- Nous n'avons trouvé la bonne réplique qu'après une altercation.
- Nous manquons de compétences en mathématiques, en base-ball ou en jardinage.

La croyance sous-jacente à toutes les autres, c'est qu'il nous faut tout maîtriser à tout moment. Cet esclavage auto-infligé induit de l'anxiété. Il est le contraire de la sérénité promise par son alternative, un oui inconditionnel à ce qui est, à nous-même et aux autres tels que nous sommes tous.

En quoi le besoin de tout maîtriser nous aide-t-il ou nous gêne-t-il pour affronter les données de la vie, les conditions de l'existence sur terre ? Dans un monde où les choses changent et finissent, seule une attitude d'acceptation et de confiance a du sens. Elle est impossible sans l'abandon de la maîtrise. Dans un monde où cette maîtrise n'est pas fiable, nous avons besoin d'autre

…hose : la capacité à nous satisfaire d'avoir fait au mieux et de laisser la chance tomber où elle peut. Le travail consiste ensuite à affronter ce qui arrive, si désordonné ou indéchiffrable que cela puisse paraître. S'obséder sur la maîtrise diminue nos chances de trouver les nouvelles possibilités qui surgissent quand notre route prend des directions inattendues. Le hasard devient moins effrayant et plus attirant quand nous voyons en lui une nouvelle frontière.

Une bonne illustration de ce point est le surprenant destin de Margaret Mitchell. Elle travaillait comme journaliste dans son Atlanta natale sans manifester d'intérêt particulier pour l'écriture de fiction. Un jour, son cheval la désarçonna et elle dut passer chez elle de longs mois de convalescence. Pour tuer le temps, elle entreprit d'écrire une fresque sur Atlanta au temps de la guerre de Sécession. Elle y travailla pendant dix ans. *Autant en emporte le vent*, publié en 1936, obtint le prix Pulitzer et devint l'héritage qu'elle laissa au monde.

Rien n'est séparé

Aldous Huxley disait que l'expression « je suis » contient deux erreurs : « Je » donne une impression de séparation ; « suis » donne une impression de permanence. Pourtant, il semble bien qu'une donnée de l'écologie soit l'absence de séparation, et qu'une donnée de l'existence physique soit le changement. Ces deux concepts sont liés : en effet, quand tout est interconnecté, quand il n'y a pas de moi séparé, nous ne sommes pas en conflit avec la donnée de l'impermanence. Quand nous cherchons à toute force à nous créer des attaches sûres, nous fuyons la donnée fortifiante de la vie que tout est conçu pour changer et s'inverser.

La pratique bouddhiste de la pleine conscience reconnaît et accueille la souffrance qui caractérise le changement et l'impermanence, et recommande de ne pas fuir devant elle, mais d'y consacrer toute notre attention. Nous traversons ce qui existe sans les interférences du moi – peur, désir, contrôle, jugement, illusion, plainte. Nous contribuons à notre propre souffrance quand nous suivons la peur et le désir du moi au lieu d'être simplement ici maintenant, comme des êtres respirant au sein des événements présents. Quand nous réduisons notre condition à ce qu'elle est, sans y ajouter de commentaires, et quand nous lui disons oui, nous cessons de combattre la réalité. Dire oui, c'est accéder à une autre voix en nous, qui n'est pas celle de notre moi plaintif et ventriloque. Le oui nous renvoie à notre véritable nature – notre nature bouddhique – qui est le témoin juste et éclairé en nous.

La réalité n'accède pas à nos désirs ou à nos plans, mais suit résolument sa voie étroite. S'arc-bouter dans son opposition à la réalité est certainement une cause de souffrance. Se libérer de l'influence d'un moi interférant suppose donc une liberté vis-à-vis de la souffrance. Nous renonçons à croire en la permanence, parce que s'y accrocher est une cause de souffrance. Le moi aime s'accrocher et s'agripper, mais il ne trouve ainsi qu'inquiétude et déception. Nous lâchons prise pour pouvoir être heureux. Lâcher prise n'est pas une perte, mais une émancipation.

Nous pouvons vivre sur deux axes distincts, dont chacun a l'espoir pour centre :

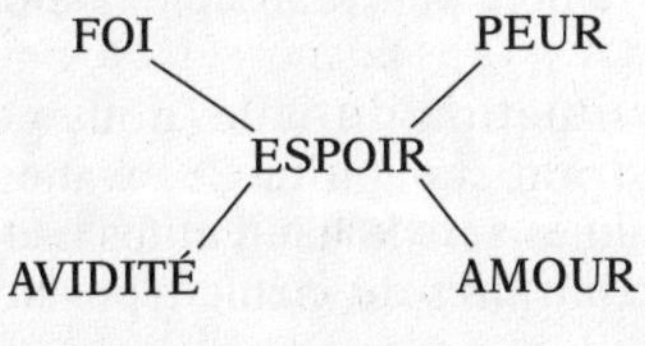

Nous pouvons vivre dans la foi, l'espoir et l'amour sur l'axe de la lumière. Nous pouvons vivre dans la peur, l'espoir et l'avidité sur l'axe de l'obscurité. En outre, en regardant la colonne verticale sur la droite, nous voyons que le véritable amour annule la peur. Du côté gauche, la foi rend inutile l'anxiété ou l'avidité, puisque nous, les moineaux, savons bien que l'on pourvoira pour nous, même sans une grange remplie de grain. Horizontalement, nous voyons que l'amour, avec sa merveilleuse capacité de confiance et d'abandon, nous libère de l'avidité. La foi nous libère de la peur, parce qu'elle aussi est confiance. L'espoir, qui peut être positif ou négatif, est le pivot de toutes nos inclinations. S'il est négatif, il peut nous bloquer ou nous attacher. S'il est positif, il est la confiance que l'obscurité n'est pas permanente, mais n'est qu'une éclipse préparant le retour de la lumière. L'espoir est le don inconditionnel qui nous est fait, à nous les Pandores curieux et avides qui passons tant de fois d'un axe à l'autre au cours de notre vie.

Une pratique pour les deux mains

J'ai conscience que j'aurai toujours peur d'une façon ou d'une autre, mais la peur n'a pas besoin d'être le fondement de mon comportement ou de mes choix. Je peux tenir ma peur dans une main, et mon engagement à ne plus me laisser guider par la peur dans l'autre. Cette combinaison semble plus réalisable que pas de peur du tout.

Dans une situation difficile, nous pouvons avoir recours à cette pratique spirituelle : avancer les mains en coupe, les paumes vers le haut, et les imaginer en train de tenir des contraires du même type. Nous sentons le poids léger et égal de nos deux mains, puisqu'elles sont vides. Nous disons alors, par exemple : « Je peux tenir sereinement à la fois mon besoin d'une relation et le fait que je n'en ai pas pour le moment. »

Prenons un autre exemple : je perds mon travail et je suis déprimé et effrayé. En même temps, je sais que je dois chercher un autre emploi. Je tiens ma situation de chômeur dans une main avec l'acceptation sereine de la réalité de ma perte. Je tiens mon plan de recherche d'emploi dans l'autre. J'évite ainsi que ma dépression – une donnée de chaque vie de temps en temps – ne s'aggrave en désespoir. Tenir mes contraires me garantit la sérénité et le courage. Cette pratique combine le style de la conscience et le travail psychologique sur l'estime de soi.

Je peux ainsi me poser dans ma situation difficile comme un témoin, et non comme un plaignant ou un juge : « Me voici dans cette situation, je m'y installe pleinement et je respire profondément. J'ai conscience à la fois de pouvoir gérer cette situation, et de la traverser sans en être dévasté. Je peux me fier à ma compétence pour n'être ni tragiquement submergé, ni stoïquement intouché. Ce sentiment de compétence me libère de la peur, puisque la peur prospère sur l'impuissance. Je m'imagine tenant ma difficile situation d'une main, et mon pouvoir de travailler sur elle de l'autre. Une main est sereinement consciente ; l'autre travaille courageusement. Quand je tiens ainsi les deux réalités, je suis agréable aux choses telles qu'elles sont, et je fais tout mon possible pour les changer au mieux. En croissant en courage pour changer ce qui peut l'être, et en sérénité pour accepter ce qui ne peut pas l'être, je trouve la sagesse de connaître la différence. Pour le moment, je m'affirme capable de gérer tout ce qui peut m'arriver pour le reste de ma vie. J'ai géré tant de choses jusqu'ici que je me sais en mesure d'affronter tout le reste. Et si j'ai besoin de renforts, je les trouverai. Rien ne pourra bouleverser ma vie au point que je m'effondre sous la charge. »

Les limites de notre acceptation de soi sont égales aux limites de notre capacité à nous mettre en mouvement. Plus nous croyons à notre compétence à reconstituer notre monde quand il a volé en éclats, moins nous ressentons la peur qui nous y maintient. Tout événement tenu dans les deux mains combine la réalité à l'espoir de renouveau. Tel est le sens de l'expression « tenir en main ».

Mort et renouveau

L'importance du sacrifice au cours de l'histoire montre que la douleur de la perte et du changement peut être pleine de sens. Une opportunité évolutionnaire nous attend quand nous suivons le modèle de la nature. Toute chose dans la nature traverse ce que nous devons traverser, et nous indique le chemin.

Dans le Zen japonais, la nature est comprise comme partie intégrante de l'illumination. Les choses naturelles ne sont pas séparées mais interconnectées dans la vision écologique de Bouddha. « Depuis le début il n'existe pas une seule chose séparée et distincte », a écrit Hakuin, un maître zen japonais du XVIIIe siècle. La vérité de l'impermanence est visible dans la nature, puisque les choses ne cessent de changer. La vérité du non-attachement apparaît à mesure que nous percevons que les choses existent telles qu'elles sont, et pas forcément comme nous voudrions qu'elles soient. Cette vérité n'est pas seulement celle de Bouddha. Elle apparaît dans de nombreuses traditions. Hildegarde de Bingen, une mystique catholique, dit : « Tout ce qui est dans le ciel, sur la terre et sous la terre est pénétré de liens, pénétré de relations. »

Nous redoutons la pensée de la mort, et nous nous entourons de choses et de gens susceptibles de perpétuer l'illusion de la permanence. Nous craignons la perte, et nous accumulons sans désemparer. Affronter la réalité de la fin, la nôtre comme celle des autres, est encore une façon de nourrir la vision spirituelle. Notre fin est un retour à la Source : la nature humaine revenant à ses origines. Ce que nous croyons être purement mortel abrite en fait des « désirs immortels », comme le dit la Cléopâtre de Shakespeare.

La nature traite la mort par le renouveau, sous forme de cycles et de procréation. La conscience de notre propre statut de créature nous aide à l'accepter. Dire oui à la vie et à la mort, c'est les transcender. L'immortalité peut être une façon de décrire cette dimension de notre être non bornée par le temps que Jung appelle le Soi. Nous pouvons prononcer ce oui quand nous passons d'une vie égocentrique à une vie cosmocentrique – notre vie élargie par la douceur aimante. En effet, l'immortalité peut survenir quand nous nous joignons au processus d'évolution et faisons nôtres ses objectifs. Si l'évolution biologique ne concernait que la survie, la nature aurait pu s'arrêter aux rats. Nous sommes ici parce que l'évolution concerne l'amour.

Les peuples premiers témoignaient dans leurs rituels funéraires d'une conscience intuitive du renouveau et du retour. Tel est l'archétype collectif de la résurrection qui fascine l'humanité depuis l'origine. La nature a une place prééminente dans les rituels de résurrection. Sur un site funéraire du Liban, par exemple, on a trouvé un mort enterré avec un cerf pour lui fournir de la nourriture dans l'au-delà. En outre, un agencement artistique de pierres peintes était disposé autour du corps. Sur d'autres sites, on a retrouvé des pollens de jacinthes mêlés aux ossements, signe que l'on plaçait des fleurs sur les défunts lors des cérémonies funéraires préhistoriques. La jacinthe, qui revient à chaque printemps, est un symbole universel de résurrection. Les choses dans la nature sont donc des arrangements que passe la nature avec les humains pour valider leur passeport pour le monde archétypal.

Le pouvoir sacramentel de la nature a toujours été honoré. Un sacrement est un rituel qui rend effectif sur le plan spirituel ce qu'il fait au plan matériel ; par exemple, le baptême « lave » le péché. Tous les sacrements ont recours aux éléments naturels pour invoquer la puissance spirituelle. Chaque tradition religieuse inclut des rituels et des sacrements qui honorent le pouvoir de la nature d'effectuer des transitions. Nous reconnaissons ainsi la dimension spirituelle de la nature. Tout ce qui dit simplement oui est spirituel. Les données deviennent des sacrements – des sources de grâce – quand nous disons oui aussi.

Notre croyance dans une vie après la mort ou dans la renaissance est-il un fait du monde archétypal ou une protection contre le choc de la première donnée de la vie, qui est que la vie doit finir ? La vie éternelle peut ne pas être la même chose qu'une vie après la mort. Elle peut signifier une vie plus vaste que le moi ne pourra jamais appréhender. Elle peut signifier l'entrée dans l'interconnectivité, qui nous libère enfin de l'illusion de la séparation. Elle peut signifier le retour à travers plusieurs renaissances. Rappelons-nous ce que disait Einstein : l'énergie ne peut être ni créée ni détruite.

Peut-être n'avons-nous pas besoin de preuves de la vie éternelle, ni même de savoir à quoi elle ressemble. Peut-être n'avons-nous besoin que de foi dans la force de l'acquiescement aux données de l'existence humaine. Acquiescer, c'est devenir une partie de quelque chose de plus grand que notre moi, c'est-à-dire notre interconnectivité au-delà du moi. Se rendre n'est en aucune manière désespérer de soi-même ou sombrer dans le renoncement. Dans la conscience spirituelle, nous ne renonçons jamais à personne – pas même à nous.

Un oui inconditionnel a du pouvoir sur la vie et la mort. C'est la foi qui devient paradoxalement plus forte à mesure que nous acceptons la mort et laissons le reste à ce vaste univers d'où nous sommes issus et auquel nous retournons. Notre réabsorption dans l'immensité de l'être peut être un équivalent de la vie éternelle. La Voie lactée devient alors simultanément épouse, enfant et mère.

Nous ne savons pas comment nous continuons à vivre, ni comment la promesse d'immortalité peut être tenue. Mais si nous acquiesçons plus aimablement au fait inexorable que nous mourrons, cette reddition même peut nous offrir un aperçu d'une autre façon de vivre, qui exulte vaillamment dans un oui à ce qui est et à tout ce qui sera. Cela peut ressembler à l'immortalité. La mort peut être la délivrance du royaume du moi – et du corps, son palais – à la ligue des étoiles et des mers. Le corps mystique de l'univers réabsorbe notre énergie et la redistribue en fonction du degré d'évolution que nous avons atteint au cours de notre bref, malaisé et extatique règne.

Tout ce que nous avons à faire, c'est nous livrer au paradoxe de la nature : laisser aller chaque instant tout en étant pleinement ici et maintenant. Et puis, comme le dit le poème de Marianne Moore, *What are years ?* : « Heureux celui qui accède à la mortalité […] comme la mer […] dans sa reddition, trouve sa continuité. »

Alors que je dis oui aux données de la vie, puissé-je accueillir les printemps et les hivers de ma vie avec une égale reconnaissance, et puissé-je être toujours capable de guider et d'apaiser ceux qui s'accrochent trop violemment à la vie ou tentent de s'écarter de la mort avec trop de frénésie.

CHAPITRE II

Les choses ne se déroulent pas toujours selon nos plans

« Pour tout ce qui a été : merci !
À tout ce qui est à venir : oui ! »
Dag HAMMARSKJÖLD,
Jalons

Au début des années 1940, en rentrant de la cérémonie de remise des diplômes, une lycéenne appelée Doris von Kappelhoff eut un grave accident de voiture. Elle voulait partir faire du cinéma à Hollywood, mais ses blessures mirent fin à ces projets. Clouée chez elle par une longue convalescence, Doris commença par chanter avec les choristes qu'elle entendait à la radio. Elle travailla si bien sa voix qu'elle fut d'abord embauchée comme chanteuse dans un groupe, avant de trouver des rôles dans des films ; c'est ainsi qu'elle devint Doris Day. Le tragique événement qui avait balayé ses projets d'origine lui avait permis de trouver sa véritable vocation. Les choses ne se déroulent pas toujours selon nos plans, mais le bouleversement de nos plans peut être un exemple de synchronicité, ce mystérieux ensemble de circonstances et de coïncidences qui nous conduit à un épanouissement non deviné et non recherché – ce que l'on appelle la grâce.

Nous faisons des projets en pensant avoir la maîtrise de ce qui va nous arriver. Peut-être avons-nous peur des choses qui arrivent naturellement, des choses qui tournent autrement que selon nos vœux. Nous sommes mis au défi par la « volonté propre » de la vie d'accepter que des choses nous échappent et viennent se mettre en travers de nos plans. Cela concerne le contrôle et la maîtrise : nous sommes précis et disciplinés, dans l'attente que le monde nous reconnaisse et nous offre la récompense qui nous est due.

La parfaite discipline, ou la maîtrise parfaite, est la meilleure façon de passer à côté de la joie de vivre. Les données indisciplinées de la vie sont autant de permissions de ne pas être parfait. Nous pouvons nous laisser porter par le chaos naturel de la vie, désordonné et imprévisible, ou bien tenter d'ordonner parfaitement notre vie en faisant des projets bien carrés. Mais comme disait Robert Burns à une souris : « Les plans les mieux conçus des souris et des hommes souvent ne se réalisent pas et ne nous laissent que chagrin et douleur au lieu de la joie promise. » Nous savons à présent qu'un oui à la vie est un oui au chagrin et à la douleur, puisque toutes les conditions de l'existence représentent des pertes et des déceptions. Le oui est une réponse saine à la condition humaine.

Faire des projets est une occupation adulte, un caractère du moi sain. Mais bien souvent, la vie ne se déroule pas selon nos plans. Cela ne doit pas nous décourager. Nous pouvons trouver excitant au contraire que quelque chose de spirituel, qui n'est pas suscité par le moi, soit en préparation pour nous. Certains croient que l'univers a un plan qui reflète plus précisément notre destinée émergente. D'autres croient qu'il n'y a pas de plan du tout et que « c'est comme ça ». En tant qu'adultes, nous ne nous consolons pas de la promesse qu'après la pluie vient le beau temps, ou de l'idée que tous les autres pays excepté le nôtre sont des eldorado. Nous trouvons notre réconfort dans notre engagement à affronter ce qui arrive et à en tirer le meilleur. Sommes-nous mécontents que les données nous obligent à continuer à grandir ?

Parvenir à l'âge adulte signifie que nous acceptons les données de la vie telles qu'elles sont, ce qui nous aide à nous accepter tels que nous sommes. Être adulte, c'est vivre dans l'acceptation des conditions de la vie.

Peut-être n'entrons-nous pas dans la définition des gens « bien adaptés », ou n'avons-nous pas bénéficié d'un développement émotionnel sain. Nous n'avons pas eu une enfance ou une adolescence parfaites, et nous n'avons pas une vie adulte parfaite. Tous nos investissements ne sont pas payants. Tous nos espoirs d'avenir ne se réalisent pas. La vie est imprévisible, et non à notre botte et soumise à nos désirs. Cela peut-il devenir acceptable ? Pouvons-nous y trouver une certaine utilité pour devenir des gens pourvus de caractère, de profondeur et de compassion ? Se plaindre reviendrait alors à passer à côté du problème.

Dans un monde où je ne peux rien faire ni terminer parfaitement, ni obtenir quelque chose qui soit juste en permanence, il est raisonnable de renoncer au besoin de perfection. La Bhagavad-Gita dit : « Même un petit progrès est une complète délivrance de la peur. » Puis-je m'en satisfaire en disant que c'est cela mon style ? Tant que je fais de mon mieux la plupart du temps et que je laisse les choses arriver comme elles peuvent en en faisant ensuite le meilleur usage possible, je suis parfaitement humain et c'est là une suprême réussite. L'autre possibilité est l'arrogance : « Je peux toujours y arriver ; je suis mieux que les autres. » L'illumination est l'amour de l'ordinaire, *amor fati*. C'est dire : « Je renonce à ce qui est plus qu'un destin ne peut supporter. »

L'erreur et l'errance ne sont pas des tragédies. Ce sont des ingrédients et des directions de la découverte. Elles nous montrent des voies qui nous rendent humbles, qui nous surprennent et nous indiquent de nouveaux horizons. Elles ne doivent pas conduire au regret ou à la honte. Nous disons oui à notre imperfection et nous acceptons nos fautes. Nous apprenons à ne pas les répéter la fois suivante. Les erreurs ne sont pas un signe de bêtise : ce sont des façons humaines d'apprendre. Nous rappeler les grosses erreurs que nous avons commises dans la vie est une façon de rester humble, la fleur vertueuse surgie du bourgeon du oui. L'humilité nous pousse à reconnaître nos fautes et à faire amende honorable pour toutes les fois où nous avons pu blesser les autres. Cette humilité est un pont vers l'abandon du regret.

Seul le moi commet des fautes. Aucune de nos fautes, aucun de nos crimes ou de nos choix ignorants n'affecte la pureté sans tache de notre Soi supérieur, notre nature bouddhique, notre conscience chrétienne – ou quelque concept que nous choisissions pour décrire la vie plus vaste en nous qui transcende le moi. Cette vie qui dépasse les conditions de l'existence reste saine et infaillible en nous toute notre vie. Nous y avons accès dans les moments de conscience et de compassion. Elle ne peut être usurpée par quiconque ou par quoi que ce soit. Cette vie intérieure fiable est une forme de protection et représente une immense confiance en notre bonté fondamentale. Là encore, les conditions de l'existence nous conduisent à la joie de la maturité spirituelle.

Les choses ne sont pas toujours comme nous le voudrions, et nos plans ne se réalisent pas toujours.

Notre absence de maîtrise signifie que l'attitude correcte sur le radeau de ce monde consiste à se rendre à ce qui est, tel qu'il est, au moment où il est, à l'endroit où il est. Nous pouvons lutter de toutes nos forces pour changer ce qui peut l'être, mais seule la reddition fonctionne face à ce qui ne peut pas être changé. Si nous n'avons pas la maîtrise et si des choses arrivent que nous n'avions ni cherchées ni prévues, c'est qu'il existe des forces qui sont plus vastes que notre moi. Cette donnée est donc une intimation de divinité, comme le dit Emerson : « Ainsi le presque est-il grandeur à notre poussière. »

Qu'est-ce que le divin ? Quelque chose – nous ne savons pas quoi ni qui, nous ne savons pas comment ni quand – qui est toujours à l'œuvre, sans que nous sachions pourquoi : c'est ainsi que nous pouvons réaliser notre destin – devenir des exemplaires uniques d'amour et de sagesse. Le divin est la force de vie de l'univers vivant qui aspire à s'articuler en chacun de nous. Le fini est un moment unique de concentration sur l'infini éternel. Nous existons à cause d'une vision béatifique : le Divin se concentre dans le temps et l'espace, et nous nous concentrons en retour. Quand le divin arrive ici, c'est moi, et quand il arrive là-bas, c'est vous, et quand il atterrit devant ma fenêtre, c'est ce grand figuier sous lequel Bouddha a reçu l'illumination, calmement assis dans une attitude de oui.

Le dessein de la nature

Le plan central de l'univers est l'évolution. Tout coopère au cours du temps pour faire du monde un habitat plus hospitalier pour toutes les créatures. Le plan de la nature est un modèle pour nous qui apprenons le mot *oui*. La nature autorise les changements et s'écoule avec eux. La nature est patiente et sans esprit de vengeance. La nature est totalement respectueuse des interconnexions. La nature honore la lumière et l'ombre.

Comme l'écrit l'écologiste Thomas Berry : « Notre nouveau sens de l'univers est lui-même un type d'expérience révélatrice [...]. Le monde naturel est lui-même la présence primaire du sacré, la valeur morale première [...]. La communauté humaine devient sacrée par sa participation à la communauté planétaire. » Nous sommes liés à la nature en tant que partie pour le tout, de sorte qu'être pleinement humain, c'est être pleinement naturel. Le terme de *nature humaine* en témoigne. Saint Antoine du désert (la nature inscrite dans son nom même) a écrit : « Mon Livre est le monde des choses créées, et chaque fois que je veux lire la parole de Dieu, le livre est ouvert devant moi. » Ici, « la parole de Dieu » est une métaphore pour l'unité humaine, à laquelle les individus n'ont accès que lorsqu'ils entrent dans une conscience globale.

« Une unité intérieure fait peser sur nous ses demandes restées insatisfaites », a écrit si joliment Emma Jung. L'unité est une envie irrépressible dans la psyché, une force motivante dans le comportement humain. Ce désir irrépressible est la base de la confiance en soi. C'est aussi un signe que nous ne sommes pas encore pleinement humains, pas encore pleinement réalisés. C'est pourquoi l'évolution est un projet spirituel. L'évolution concerne la façon dont l'aspiration à l'unité est satisfaite. Nos pratiques spirituelles, notre oui aux données de la vie et nos choix vertueux sont notre contribution. Rien de tout cela n'est entièrement individuel ; nous sommes engagés dans une transformation collective de la conscience. L'unité, au fond, est l'aspiration de l'univers.

La nature pourvoit un guide pour le voyage humain vers l'unité, puisqu'elle n'est pas composée d'individus, mais qu'elle est une écologie interdépendante. L'histoire quotidienne du cosmos présente les thèmes de chaque vie humaine : débuts, fins, pertes et restaurations, métamorphoses de lumière et d'ombre, événements prévisibles et imprévisibles, lois fiables et sauts quantiques dépourvus de loi. Le poète zen Basho dit : « Tous ceux qui ont atteint la véritable excellence sur un point possèdent une chose en commun, un esprit d'obéissance à la nature, un désir de ne faire qu'un avec celle-ci sur les quatre saisons de l'année. » Les plans individuels sont donc secondaires par rapport aux objectifs plus vastes d'un univers en flux perpétuel.

Comme nous ne sommes pas simplement des habitants passifs de la nature mais ses participants, la vie intérieure de la nature est la même que la nôtre. Pour le dire autrement, sentir que l'on ne fait qu'un avec la nature, c'est être en contact avec l'authentique profondeur de notre être essentiel, l'archétype de la divinité intérieure, la force vitale de la réalité, l'amour même.

Nous avons une trinité : le monde naturel, la psyché humaine et l'essence divine – trois aspects d'une seule réalité sous-jacente et omniprésente. Cette équation n'est pas du panthéisme, mais la confiance que l'énergie qui anime notre humanité est la même que celle qui mène l'univers. La divinité est donc la profondeur vivante de soi-même et du cosmos. Ce sentiment du divin en toute chose permet d'apprécier la psyché et sa psychologie, l'âme et sa spiritualité, la nature et sa tangibilité comme un ratio mystique : l'humanité est à la nature ce que celle-ci est à la divinité.

La donnée que la vie ne suit pas toujours nos plans nous inspire en général une réaction de défiance : peur et désir, contestation et blâme. Ces réactions tiennent souvent à l'hypertrophie de notre moi, qui veut à tout prix que les choses se passent selon son bon vouloir. Cela ne fait qu'ajouter à notre souffrance. C'est le contraire d'accepter humblement les conditions terrestres telles qu'elles sont. Dire oui au fait de laisser les choses se dérouler telles quelles exige une reddition dans l'humilité. C'est là que la nature nous rencontre, puisque cette humilité nous rend plus proches de la terre. Le mot « humilité » vient d'ailleurs du mot *humus*. L'humilité n'est pas un abaissement de soi ou de la simple modestie. C'est la vertu de nous mettre au diapason avec la réalité. L'humilité est un oui aux conditions terrestres qui rendent la vie si difficile, mais en même temps si excitante. Voir cette combinaison de contraires avec un certain amusement rend les choses plus légères et finalement plus claires. C'est une assez bonne pratique de chercher la dimension d'humour dans chaque donnée.

L'humilité vient aussi à notre secours quand la donnée de la vie que nous affrontons est celle de l'impuissance. Par exemple, quand notre fils adolescent se drogue, nous restons disponible pour l'aider dans sa guérison et nous cherchons un soutien pour nous-même, tout en disant un oui inconditionnel à notre impuissance. Cela exige d'abaisser le moi et de lâcher prise, et pour ce faire, l'humilité est la meilleure recette.

Les conditions de l'existence sont nos sésames pour l'évolution : la donnée que la vie ne se déroule pas selon nos plans fait évoluer la planète d'une façon que les humains risquent de ne pas très bien maîtriser. La nature reflète donc l'identité et la destinée de la psyché humaine comme notre modèle, notre guide et notre jumelle, puisqu'elle opère selon les mêmes axiomes que notre psyché. Ni mes traits ni les descriptions de moi-même ne peuvent épuiser mon identité. Je suis davantage que ce que l'on peut entendre, décompter ou connaître de moi.

Nous faisons alliance avec la nature pour prononcer un oui inconditionnel à une version élargie des cinq données. La liste qui suit montre à quoi ressemblent les données de notre vie quand elles surviennent dans la nature. L'évolution est le plan de la nature, mais elle n'est pas totalement connaissable. Il y a dans notre univers un ordre et un équilibre coexistant avec une formidable imprévisibilité qui échappe à la maîtrise humaine.

Dans les données suivantes, demandez-vous comment chacune s'applique à votre façon actuelle de vivre votre vie :

- Tout change et passe d'une forme à l'autre.
- La matière, comme l'esprit, n'est pas créée ou détruite, mais elle évolue et se transforme à travers des saisons qui sont le début, la croissance, l'acmé, la moisson, la mort et la renaissance.
- L'univers, comme l'âme humaine, est à la fois fini et infini.
- Il n'y a pas une configuration unique de la façon dont sont les choses ou dont elles sont censées être, ou dont elles vont tourner. Il y a plutôt un infini possible qui anime notre âme.
- Les événements ne s'alignent pas toujours sur la version humaine de l'ordre.
- Rien ni personne n'est réellement séparé ; tout est interconnecté sur un mode intriqué et nécessaire.
- Toute chose s'applique diligemment à devenir ce qu'elle est. Tout devient ce qu'il était destiné à être, quels que soient les interférences ou les obstacles.
- Rien n'est jamais complet ou fini. Tout est une œuvre en devenir, surtout nous-même.
- Tous les êtres dans la nature sont soumis au temps de par la naissance et la mort.

- Nous sommes tous en continuelle évolution – accueillant le nouveau et abandonnant l'ancien – pour nous adapter aux conditions changeantes de notre environnement. Nous évoluons à cause de la naissance *et* de la mort.
- Le passé des choses et des gens influence fortement leur situation actuelle, sans que cela doive pour autant déterminer leur avenir.
- L'amour, la sagesse et la guérison demeurent des moteurs de nos histoires humaines et de l'histoire de l'univers. En même temps, la nature est menée par des forces destructrices qui sont nécessaires à notre survie à tous.
- Quand nous avons l'intuition d'une vérité de l'univers, nous en percevons la résonance corporelle sous forme d'une sensation de bien-être. Nous correspondons au code archétypal de notre humanité, qui correspond lui-même au code évolutionnaire de l'univers.
- Le centre de l'univers et de la psyché est un unique festin nomade, et sa circonférence n'est nulle part.

Notre vocation

> « C'est la véritable joie que nous réserve la vie : être employé pour un objectif reconnu par soi-même comme élevé, être complètement utilisé, épuisé avant d'être jeté à la décharge, être une force de la nature plutôt qu'un petit corps fiévreux et égoïste, souffreteux et aigri, se plaignant que le monde n'est pas à ses pieds pour le rendre heureux. »
>
> George Bernard SHAW

Notre vocation universelle en tant qu'êtres humains est d'être aussi aimants que possible. Cet engagement nous rend moins vulnérables aux réactions des autres à notre égard, ou à l'opinion qu'ils peuvent avoir de nous. Nous apprécions l'acceptation, sans y aspirer particulièrement ni en être dépendants. Nous sommes blessés par le rejet, mais nous ne sommes pas dévastés par lui. Nous nous préoccupons de notre façon d'aimer, pas de la façon dont nous sommes aimés, de notre façon de donner, pas de ce que nous pouvons obtenir. Quelle perte ce serait pour le monde si nous vivions nos vies en oubliant d'activer pleinement notre formidable capacité à aimer !

Notre vocation concerne aussi d'autres capacités, les dons qui sont des données de notre être propre. L'objectif de notre vie n'est pas simplement de couper du bois et de porter de l'eau, comme on interprète parfois une description zen de nos tâches dans la vie. Ce plan est statique, et non évolutionnaire. Chacun de nous est ici pour découvrir et partager des dons intérieurs merveilleusement uniques. C'est ce que le monde attend et c'est pour cela qu'une vie nous est donnée. Notre appréciation de nos dons est l'antidote au dégoût et à l'abaissement de soi dont nous souffrons parfois.

Un objectif est une direction appuyée sur un plan. L'évolution a une direction et un objectif. Par exemple, une fleur avance vers l'épanouissement pour que ses graines tombent au sol et qu'elle puisse réapparaître au printemps suivant. De même, l'objectif d'une chenille est un papillon. Il semble y avoir une destination intrinsèque dans toute la nature, et certainement en nous. Nous n'avons pas besoin que des directives nous soient imposées par l'autorité. Tout avance vers ce qu'il est destiné à être. Quand nous cessons de chercher la sécurité de la maîtrise, de l'ordre et des règles infaillibles, nous découvrons notre créativité corporelle ; alors, une fois encore, une incarnation advient, où un petit moi rencontre un grand esprit. Nous devenons la parole de vie prononcée dans la poésie et façonnée dans la lumière.

Pour Abraham Maslow, les gens qui se réalisent sont fascinés par le mystère. Ils ne cherchent pas à l'éviter au profit de la clarté et de la certitude. C'est là un autre caractère de la profondeur personnelle. Le mystère honore l'incompréhensible profondeur qui réside en chaque réalité finie. Nous pouvons nous sentir attirés par le mystère de la marche du monde, par les choses dissimulées sous ce que nous voyons, et par ce qui vient ensuite dans l'histoire, la nôtre et celle du monde. C'est une attirance pour ce qui est à naître. Teilhard de Chardin a parlé admirablement d'un « mystérieux sens de l'avenir [...] une attirance vers l'avenir comme un organisme progressant vers l'inconnu ». Nous nous sentons attirés par les propriétés émergentes de la terre et de nous-mêmes qui n'entrent dans aucune catégorie encore connue. Ainsi tournés vers le futur, nous pouvons nous trouver à l'étroit dans les structures, les institutions ou les points de vue limités sur le monde. Nous éprouvons une aspiration évolutionnaire immortelle au sein du changement et de la fin. Peut-être cette aspiration est-elle le sillage du navire appelé Plan divin.

Les gens évolués comprennent que les explications des événements humains par des configurations purement physiques ou psychologiques ne peuvent épuiser leur signification. Tant que rien n'est plus réel que notre esprit, il n'y a aucune possibilité de croire à une réalité transcendante, pas même en nous. Pour nous, explorateurs intrépides des océans intérieurs du oui, il reste toujours un domaine intérieur de mystère, un gnomon derrière tout phénomène.

Le gnomon est la non-dualité – l'esprit du Bouddha ou la conscience du Christ – qui sous-tend et soutient toutes choses. Il est semblable à la conscience non duelle, non objectale, qui surgit de la méditation. C'est l'Être vers lequel les êtres tendent mais dont la crainte et le désir les tiennent écartés. Tant l'attachement que l'évitement nous laissent un pas au bord de l'Être vers lequel notre être individuel est spirituellement tendu. Teilhard de Chardin a décrit cet invisible mystère de l'Être comme « le diaphane du divin au cœur de l'univers ». J'entends cette proposition comme un écho de l'ordre implicite du scientifique David Bohm sous la surface du monde explicite.

Dire qu'il existe une telle réalité transcendante derrière les apparences, c'est dire qu'il n'y a de déchirure nulle part, si ce n'est dans nos esprits terrestres. Tout ce qui est de façon continue se révèle être le même que nous. Les Upanishad proclament précisément cette vie plus vaste, non duelle, diaphane, implicite en nous : « Cet esprit suprême non né de l'humanité, sans âge et qui ne meurt pas, est le même que l'esprit de l'univers, et cette compréhension est notre refuge contre toute peur. » Avec Hamlet, nous redoutons « les coups et les flèches de l'outrageante fortune ». Mais la peur s'évanouit quand nous comprenons qu'il n'y a pas de dehors d'où elles pourraient être lancées.

Persister à vouloir que les choses soient différentes est une cause de souffrance. Peut-être Omar Khayyam, dans ses *Quatrains*, passe-t-il à côté de la question quand il se plaint de notre incapacité à remodeler la vie. Le désir de notre cœur pourrait créer une terre de délices quand des obstinés comme nous ont besoin d'être avalés par une baleine pour devenir réels. Plus nous constatons que l'univers ne respecte pas nos souhaits, plus nous nous sentons tenus d'inventer un programme pour gérer tout ce qui peut arriver. Ce programme est un oui inconditionnel à tout ce qui est, a été, ou sera.

« Puisse un ange arrêter le rouleau du destin,
Le réécrire, ou bien l'effacer tout à fait !
Ah, amour ! Pourrions-nous toi et moi conspirer avec Lui
Pour nous emparer de ce triste état de choses
Le mettre en pièces et puis le remodeler
Au plus près des désirs de notre cœur ! »

Omar KHAYYAM

La vie plus vaste

Nous allons explorer la deuxième donnée – le fait que les choses ne se passent pas toujours selon nos plans – mais je cherche ici la matrice de toutes nos données, afin de considérer notre sujet dans le contexte.

TOUT CHANGE ET FINIT évoque l'archétype du renouveau, qui apparaît dans le thème mythique de la résurrection. Renoncer à la prétention que les choses restent les mêmes, être ouvert au changement, accepter la diversité des situations humaines comme pleinement légitime, c'est renaître dans un monde spirituel. Le fait du renouveau est lui-même un antidote au désespoir, le fondement de notre conviction que nous ne renonçons jamais au potentiel de rédemption en toute chose et en chacun de nous.

LES CHOSES NE SE DÉROULENT PAS TOUJOURS SELON NOS PLANS évoque l'archétype de la synchronicité qui se révèle dans une coïncidence perçue comme significative. Dire oui à cette donnée, c'est être certain que l'univers a un plan pour nous et que les choses se déroulent dans cette vie à l'heure dite, pour faire de nous l'être que nous devions devenir. Tel est le concept bouddhique du karma comme coïncidence pleine de sens. Le fait que les choses échappent à notre maîtrise pour nous conduire à de nouvelles perspectives signifie que la grâce est intervenue. C'est l'énergie spirituelle qui coopère à notre expansion et excite notre imagination. Nous trouvons de la place pour autre chose que nos plans personnels. Nous sommes bouleversés par des idéaux et des aspirations qui nous montrent une voie vers le moi transcendant. C'est un puissant effort évolutionnaire vers un surcroît de lumière, c'est-à-dire de conscience illuminée sur la planète.

Il y a une telle unité dans les objectifs de l'univers et dans les nôtres que nos aspirations mêmes sont des signes de la direction de l'évolution. Nos besoins, nos valeurs et nos désirs les plus profonds ne sont pas des idéaux bizarres issus de notre imagination. Ils sont la façon dont l'univers vise et atteint sa poussée évolutionnaire. L'univers a besoin que nous étendions sa conscience. C'est pourquoi notre plus haut accomplissement spirituel est de participer à l'évolution.

LA VIE N'EST PAS TOUJOURS JUSTE est l'archétype du karma comme la conséquence de mauvais choix qui gardent dans leur sillage une possibilité d'expiation et de pardon. Quand nous acceptons les inadéquations de la justice humaine, nous acceptons l'obscurité archétypale, le côté sombre de la vie, des événements et des gens. Ce côté sombre réside en chacun de nous et prospère sur la projection du mal sur les autres et son désaveu en nous-même. Nous sommes naïfs si nous n'attendons que de l'intégrité, de la justice ou de l'amour. Nous sommes perdus si nous cessons de travailler pour eux de tout notre cœur.

Les mauvais coups qui arrivent dans chaque vie nous conduisent à découvrir la signification du karma, que tous les actes ont des conséquences, dont certaines sont impossibles à anticiper. Nous prononçons au mieux le oui inconditionnel et conscient quand nous acceptons que tout est comme il doit être : une série de causes et d'effets karmiques imprévisibles et intrigants. Le karma est un autre exemple d'interconnectivité. Quand nous reconnaissons l'aspect hautement approprié de tout ce qui nous arrive, nous finissons par en voir la beauté, et nous nous sentons en sécurité en lui. Rien ne peut nous arriver qui ne soit pas un élément de notre propre histoire, un élément de la personne que nous sommes et que nous devenons. Nous voyons progressivement les coïncidences pleines de sens qui font agir l'univers d'une façon déterminée, quels que soient nos plans par ailleurs. Nous cessons de grogner et acceptons la réalité telle qu'elle est, confiants que cette configuration est bien celle qui nous fera avancer. Une fois que nous croyons à la connectivité, nous ne sentons plus de division entre nous et ce qui nous arrive. Tel est le fondement de notre confiance.

LA SOUFFRANCE FAIT PARTIE DE NOTRE VIE évoque l'archétype de la rédemption. Tant que nous endurons une souffrance nécessaire et que nous dissipons la souffrance autogénérée, nous sommes rachetés, c'est-à-dire réévalués à une valeur supérieure que le moi ne peut pas payer, libérés de la peur et ouverts aux défis de l'amour. Se réconcilier avec la vie telle qu'elle est et cesser de se plaindre, telle est la façon de trouver cette rédemption. Être racheté, c'est être sauvé des limitations que nous infligent la peur et le désir. Nous éprouvons la peur et le désir comme des données de la vie. Mais, confiants qu'il y a un sens à notre souffrance, nous cessons d'être à leur merci. Nous pouvons être effrayés et insatisfaits, sans pour autant être menés ou arrêtés par ces sentiments. Remarquez la place du mot « confiance » dans notre discussion des conditions de l'existence. La confiance nous aide à trouver un encouragement, si sombres que soient parfois les données.

LES GENS NE SONT PAS TOUJOURS AIMANTS ET LOYAUX évoque l'archétype de l'amour inconditionnel. Ces « gens » sont nos parents, nos partenaires, notre famille, nos amis, toutes les personnes de notre vie. Nous pouvons grandir à partir de la douleur suscitée par nos relations. Nous apprenons à devenir plus forts. Nous ne renonçons pas aux autres. Nous nous efforçons de comprendre leurs erreurs. Nous ne les laissons pas nous piétiner, mais nous continuons à les aimer. Nous osons aimer quoi qu'il advienne. Notre amour est inconditionnel, mais notre engagement envers les autres est sagement calibré selon nos propres limites.

Nous voyons la perfection de tout ce qui est, et nous nous appuyons sereinement sur elle. C'est l'équivalent de trouver un environnement de *holding*, un sanctuaire fiable capable de contenir tout ce que nous sommes et ressentons. Le *holding* dans l'enfance signifiait être tenu dans la sécurité, apaisé dans la protection, et compris dans l'empathie par nos parents. Ce *holding* permet d'offrir un cadre cohérent et protecteur pour notre soi en maturation. Les relations saines offrent le même don, imitant le *holding* que nous offre mère Nature pour nous conduire à la maturité spirituelle. Wordsworth décrit ainsi la puissance protectrice de la nature :

> La nature [...] peut ainsi former
> L'esprit qui est en nous [...]
> Ni les langues de vipère [...]
> Ni les ricanements des égoïstes [...]
> Ne prévaudront jamais contre nous, ni n'arrêteront
> Notre joyeuse conviction que tout ce qui nous entoure
> Est empli de bénédictions.

Tout s'équilibre dans l'amour

Nos plans personnels fonctionnent mieux quand ils s'alignent sur un plan plus vaste. C'est ce qui arrive quand nous vivons non seulement pour nous-mêmes et ceux que nous aimons, mais aussi pour le monde. La douceur aimante transforme cette réactivité en soin universel. Nous étendons notre souci des autres au-delà de notre cercle immédiat, jusqu'à un univers dépourvu de circonférence. La nature fait de même en créant chaque espèce pour soutenir les autres. Shakespeare nous rappelle dans *Le Marchand de Venise* qu'« une telle harmonie habite les âmes immortelles », et que la douceur aimante en est une expression.

Pourtant, l'équilibre de la nature n'est pas toujours harmonieux. Il fait une place à la confusion et au désordre occasionnels. Nous remarquons ce même chaos dans nos propres vies, si dévoués que nous soyons à nos pratiques spirituelles et à notre travail psychologique. Pourtant, il y a quelque chose en nous qui ne s'éteint jamais et qui survit de façon irrépressible au tumulte de la vie. Ce quelque chose est l'énergie qui nous contient, nous et l'univers. Cette force de vie, la donnée la plus rassurante, persiste en nous, à travers nous, et au-delà de nous, intacte et intégrale, quoi qu'il ait pu nous arriver au cours de notre vie.

Nous faisons l'effort de nous engager dans des pratiques spirituelles, puis des revers surviennent qui nous portent au-delà des limites de notre moi. Ces revers sont des grâces supplémentaires, personnifiées par les forces adjuvantes dans les histoires de héros. Dans la plupart des histoires, le héros ou l'héroïne n'accomplit sa tâche qu'avec l'aide de forces bienveillantes, comme dans *Le Magicien d'Oz* par exemple, où la petite Dorothy est aidée par l'épouvantail, l'homme de fer-blanc et le lion. C'est là un autre exemple de l'interconnectivité comme ingrédient nécessaire à la croissance humaine. Les forces adjuvantes transforment le moi effrayé en un champion de l'amour, le moi ignorant en un mentor de sagesse, le moi épuisé en un faiseur de miracles. La nature tient alors le moi tendrement, et le moi se détend et se laissc bercer. C'est la perception et la promesse d'un équilibre entre l'individu et le monde, entre le moi et l'archétype, entre les énergies humaines et divines. Le moi a toujours voulu être tenu ainsi, même s'il se débat en criant.

Il y a des équilibres que nous ne pouvons pas réaliser ni même imaginer, mais qui surviennent quand l'amour nous conduit un pas au-delà de la peur. Si l'amour arrête ainsi la peur, c'est qu'il crée le sentiment de la sécurité. Quand nous agissons avec amour, nous nous sentons si bien que notre courage s'épanouit. Nous trouvons la sérénité de nous sentir chez nous avec les données qui nous effrayaient tant. Elles nous bénissent des dons du Soi universel non conditionné : croire en nos pouvoirs et nous sentir à l'aise avec eux, en renonçant à la maîtrise, en pratiquant la douceur aimante, en nous rendant à ce moment stupéfiant, en osant dans le défi briser les portes qui disent « Passez votre chemin », ou « Passage interdit ».

Puissé-je avoir confiance dans les forces qui m'aident à savoir qui je suis et où je vais, et puissent tous ceux qui doutent d'eux-mêmes et dédaignent leur destinée baigner de même dans la preuve irréfutable de leur identité et de leur destinée sans limites.

CHAPITRE III

La vie n'est pas toujours juste

> « La Loi de la vie vit en lui avec son consentement sans réserves. »
>
> Mircea ELIADE

La vie n'est pas toujours juste, pas plus que les gens, y compris nous-même. Il arrive que l'on profite de nous. Parfois, nous faisons exactement ce qu'il faut et nous finissons par perdre. Parfois, nous agissons avec prudence et nous sommes néanmoins blessés. D'autres peuvent se montrer généreux envers nous et pourtant nous profitons de leur gentillesse. Ou il arrive que nous agissions vis-à-vis des autres avec de bonnes intentions, et que nos efforts ne soient pas appréciés ou soient mal interprétés. La troisième donnée met au défi notre capacité à souffrir les pertes associées à l'injustice. C'est là notre travail psychologique. Elle nous met également au défi de ne pas nous venger de ceux qui nous ont blessés. C'est là notre pratique spirituelle. Les deux à la fois équivalent à un oui inconditionnel à la loi inaltérable que les choses ne sont pas toujours justes : on gagne parfois ; et parfois on perd.

Le défi consiste à accueillir nos pertes avec une douceur aimante, en nous engageant à agir avec amour envers les autres, surtout quand ils mettent notre patience à l'épreuve ou agissent d'une façon blessante à notre endroit. Cultiver la douceur aimante quand les gens nous traitent injustement ou de façon brutale nous aide à garder le cœur ouvert au moment où nous sommes blessés et ensuite. « Ouverture » ne veut pas dire que nous devons nous laisser maltraiter ou abuser. Nous nous autorisons simplement à être ce que nous sommes quand nous aimons le plus, c'est-à-dire quand nous sommes vulnérables. Toute interaction ou relation humaine peut avoir des moments douloureux. Un adulte mature remarque que se fermer est dangereux pour sa sensibilité et que rester trop ouvert est dangereux pour ses limites. Le juste milieu est le désir d'être ouvert tout en conservant des limites saines. Nous pouvons nous engager dans cette forme de oui par une pratique : chercher réparation quand les autres nous traitent injustement, et si cela ne marche pas, lâcher prise sans que notre cœur se ferme. Lâcher prise a pour effet d'ouvrir le cœur.

Vengeance ou réconciliation ?

Le paramètre standard de la vengeance est une donnée du pool de gènes d'*Homo sapiens*. Il nous faut une pratique spirituelle pour surmonter cette pulsion naturelle. Nous devons personnaliser notre moi et supprimer ce paramètre par défaut. Le sport favori du moi primitif, la vengeance, revient à renoncer aux autres. Se venger est contraire aux enseignements des bouddhas et des saints. Quelle est la pratique spirituelle efficace ? C'est la douceur aimante : un oui conscient, la compassion, la compréhension, la croyance que tous les humains peuvent être rachetés, et un engagement à la réconciliation. La douceur aimante nous libère de l'instinct de vengeance du moi.

Si je vous accepte tel que vous êtes sans protestation ni blâme, je ne me sens pas tenu de m'adresser à vous comme votre juge ou votre bourreau. Je suis un témoin juste et vigilant qui voit l'injustice mais ne punit pas l'injuste. En revanche, j'élève la voix tout en œuvrant à la transformation de l'injuste. C'est une pratique spirituelle que de noter le comportement des autres sans se croire tenu de les critiquer ou de se venger d'eux. La puissance de cette pratique spirituelle suscite une transformation chez les autres.

Se réconcilier au lieu de se venger induit une proximité entre la partie blessée et la partie blessante. En général, nous évitons le conflit autant que la proximité. Le dialogue est l'alternative au retrait ou aux représailles. Un adulte sait qu'il devra parfois subir des pertes, qu'il vivra parfois des rapports injustes, et qu'il est capable d'y survivre. Un adulte spirituellement évolué ne se satisfait pas de la joie de la vengeance, mais recherche la joie de la douceur aimante. Nous la trouvons quand nous agissons en accord avec les critères de l'amour. Nous la trouvons quand nous cessons de désespérer des autres, ce qui est la véritable origine de la vengeance. Désespérer, c'est perdre notre sens de la connectivité.

Si la pratique spirituelle est aussi nécessaire, c'est que les objectifs psychologiques ne sont pas une motivation morale suffisante. Il nous faut une conscience morale pour pardonner à ceux qui ne regrettent pas de nous avoir offensés. Nous ne pouvons pas projeter de pardonner, ni nous obliger à le faire. Le pardon arrive quand nous prenons l'engagement de renoncer à la vengeance. Nous ressentons une saine colère quand les autres nous ont maltraités. Nous pouvons même exprimer à voix haute ce que nous avons ressenti, mais en renonçant aux reproches et au besoin de punir. Tel est le résultat immédiat de la décision que nous pouvons prendre à tout moment de renoncer à la vengeance.

Certaines personnes reconnaissent leur faute et montrent de la contrition. La psyché saine est intrinsèquement conçue pour éprouver de la compassion devant la douleur et la défaite, de même qu'elle offre du pardon face au repentir. Le repentir est contrition, promesse d'amendement et engagement à ne pas renouveler l'offense. Face à cette réaction de l'offenseur, notre instinct nous pousse à pardonner. Cela n'exige aucune pratique. Nous sommes calibrés pour pardonner automatiquement devant un authentique repentir. Si nous n'éprouvons pas de compassion, si nous n'accordons pas de pardon, c'est que nous sommes la proie des mauvais instincts de notre moi, qui endort notre instinct inné plus noble. Shakespeare l'explique en ces termes dans *La Tempête* : « Leurs graves offenses m'ont touché au vif, mais le plus noble de ma raison s'oppose à ma fureur. Il est plus beau de faire œuvre de merci qu'œuvre de vengeance : puisqu'ils sont repentants, qu'à l'unique objet de mes desseins s'arrête ma rigueur. »

La vengeance n'équilibre pas les choses, puisqu'elle blesse à son tour l'âme du vengeur, provoquant un déséquilibre plus grave encore. Socrate, remarquant ce péril, disait : « Il vaut mieux souffrir une injustice qu'en commettre une. » En effet, si le corps et l'esprit sont atteints par l'injustice des autres, c'est notre âme qui est atteinte par la vengeance. Un adulte spirituellement évolué n'est pas un fou furieux qui croit que tout est juste et bon dans l'amour et dans la guerre. Il ne se fraie pas un chemin vers le sommet à coups de poing, mais agit avec bonté à chaque barreau de l'échelle. Il a de l'ambition personnelle, mais pas aux dépens des autres. Voilà un cas où un critère moral l'emporte sur le désir de réussir dans le monde matériel. La joie d'une bonne conscience est la valeur la plus haute pour ceux qui veulent grandir sur le plan spirituel. Avec une pratique spirituelle, notre attitude envers un agresseur devient compassion pour la dimension de *souffrance* de son agression. Cette réaction sert aussi à l'apaiser. Dans l'art martial de l'aïkido, il ne s'agit pas de blesser l'adversaire, mais de rediriger et de transformer son geste agressif en lui faisant comprendre que la violence ne sert à rien. Trouver une alternative à la violence est une façon de s'éveiller et une façon joyeuse d'éprouver son propre pouvoir.

Dans une société évoluée, animée par une conscience spirituelle, le désir de vengeance est remplacé par le désir de réparation. Nous voulons réconcilier, pas excommunier. Dans un tel monde – qui hélas n'est pas encore le nôtre – chacun rend des comptes et se voit demander de faire amende honorable, mais personne n'est puni, puisque la réparation est la seule façon d'obtenir réellement satisfaction. *Dans ma vie personnelle, est-ce que je vis dans le monde précivilisé de la vengeance, ou dans le monde nouveau, censé être plus restreint, du pardon et de l'amour réparateur ?*

Notre oui inconditionnel à la donnée de l'injustice est double. Nous reconnaissons l'injustice que commettent les autres sans éprouver le besoin de nous venger. Nous reconnaissons que notre société est encore trop primitive pour avoir un système judiciaire ou un gouvernement qui cherche la réparation au lieu d'infliger des châtiments comme la peine capitale et la guerre. Puisque nous ne désespérons ni des autres ni de la société, nous ne cessons jamais de chercher un moyen de changer les choses pour le mieux.

La vengeance conduit à	*La réparation conduit à*
▪ Punir le méchant en tant que mauvais.	▪ Chercher à guérir l'ignorance du « méchant ».
▪ Satisfaire le besoin de vengeance de la société.	▪ L'harmonie.
▪ Faire payer quelqu'un.	▪ Pousser quelqu'un à faire amende honorable.
▪ Pratiquer le principe « œil pour œil, dent pour dent ».	▪ Veiller à ce qu'un frère ou une sœur tombé(e) trouve la rédemption.
▪ Se débarrasser d'une présence perturbante et dangereuse.	▪ Corriger avant de réinclure.
▪ Garantir la sécurité de la société au prix de la souffrance de l'agresseur, sans aucune chance de réhabilitation.	▪ Garantir la sécurité de la société tout en montrant de la compassion à la souffrance de l'agresseur et en l'aidant à retrouver son humanité.
▪ Préserver le style historique du rapport à l'injustice (œil pour œil).	▪ Trouver une solution plus excitante et plus humaine à l'injustice.
▪ Vouloir Hitler en enfer pour tout le mal qu'il a commis et pour lequel il ne sera jamais pardonné.	▪ Imaginer Hitler dans un monastère zen, où un père supérieur strict mais sage pointe ses méfaits et lui apprend à demander pardon jusqu'à ce qu'il devienne un bouddha illuminé et revienne aider l'humanité.
▪ Maintenir la croyance « soit… soit » en un enfer ou un paradis éternels.	▪ Ne générer qu'une croyance au purgatoire ou à la renaissance (temporaire) et un paradis ou nirvana.

La vengeance conduit à	*La réparation conduit à*
▪ S'assurer que le cycle de la vengeance se poursuit, de sorte que la guerre puisse se justifier. ▪ Finir une histoire.	▪ Mettre fin au cycle de la vengeance, de sorte que la guerre ne soit plus une solution acceptable. ▪ Un dialogue.

Si quelqu'un nous traite injustement dans notre vie personnelle, le défi consiste à faire en sorte que quelque chose change dans notre relation – pas de nous assurer que la personne soit punie. Le premier projet vient d'un désir de guérir. Le second vient de la sombre tendance du moi blessé à blesser en retour.

Notons ici la différence entre la donnée de l'injustice et les quatre autres données : notre oui inconditionnel s'accompagne du travail visant à transformer la situation. Dans les autres données, nous nous contentons d'accepter ; dans celle-ci, nous acceptons tout en œuvrant de toutes nos forces à un changement. Le oui est une reddition et un alignement, en ce sens que nous faisons tout notre possible pour aligner nos politiques personnelles et publiques sur les idéaux de réconciliation et de non-violence.

Imaginez quel niveau de conscience spirituelle a exigé ce poème de Shantideva, maître bouddhiste indien du VIIIe siècle :

Puissent ceux dont l'enfer consiste
À haïr et blesser
Être transformés en amants
Porteurs de fleurs

Au lieu de vouer à l'enfer ceux qui haïssent et blessent, il remarque avec compassion quel enfer ce doit être de haïr et blesser les autres. Au lieu d'appeler le châtiment sur ceux qui haïssent et blessent, il prie pour leur transformation. Au lieu de souhaiter qu'ils se transforment en crapauds, il veut qu'ils deviennent des amants qui ont trouvé le bonheur et le partagent généreusement. Abandonner le feu et le soufre de nos traditions religieuses, c'est devenir un amant qui s'éveille au paradis sur terre.

Pourquoi le mal frappe-t-il les innocents ?

« Pourquoi les innocents souffrent-ils ? » est une énigme éternelle pour l'humanité. L'idée implicite dans cette question, c'est que les coupables doivent souffrir ; ils doivent être punis. La vengeance est si profondément inscrite dans notre psyché collective que nous ne l'interrogeons même plus. En général, cette attente s'applique aux autres plus qu'à nous-mêmes. Notre moi demande qu'on le laisse s'en tirer à peu de frais, et peut entrer en rage quand nous sommes requis de payer pour nos fautes.

Un autre signe de cette imprégnation collective de l'idée de vengeance est notre sentiment de culpabilité. Le verbe latin pour « regretter » : *paenitere* est lié au mot latin pour châtiment : *poena*. Le lien entre le mal et sa punition remonte à la plus haute antiquité. Les autorités et les patriarcats profitent de cette croyance bien ancrée pour nous garder sous leur contrôle. Nous intériorisons la crainte que nous subirons automatiquement des représailles si nous faisons quelque chose de mal. Nous éprouvons la sensation rongeante et persistante que nous avons commis le mal sans en avoir reçu le châtiment complet, ce qui nous fait vivre avec une épée de Damoclès suspendue sur notre tête. C'est là une croyance superstitieuse en un châtiment infligé par des dieux courroucés. C'est un élément de l'héritage primitif de notre humanité collective.

La punition est une forme de superstition en ce sens qu'elle est apotropaïque – elle s'efforce de conjurer le mal par un rituel. Mais la conscience spirituelle nous aide à reconnaître et autoriser les contraires en nous, non comme des dichotomies, mais comme des compléments. Malgré toutes nos exigences de justice, les innocents souffrent malgré tout, et les coupables souffrent aussi. Les innocents connaissent le bonheur, et les coupables aussi. Chaque religion promet une fin heureuse à l'histoire humaine. Pourtant, le Dieu inscrit sur le plafond de la chapelle Sixtine ne garantit pas que tout se passera sereinement.

Je me rappelle une carte postale que j'ai reçue voici des années. Elle m'était envoyée par un moine catholique et représentait Jésus disant : « Pour toi la colline est plus abrupte. La croix pèse d'un poids plus lourd. Mais ne te décourage pas, car quand tu crois souffrir le plus, rappelle-toi alors que nous sommes les compagnons les plus fiables. » La question que nous nous posons à propos de Dieu se modifie à mesure qu'émerge une conscience religieuse plus mature. Alors nous savons que Dieu souffre lui aussi. En effet, ce que nous appelons Dieu n'est pas un être suprême séparé et distinct qui nous contemple depuis son invincible et impassible hauteur. Au contraire, Dieu peut être le fondement et la réalité la plus profonde de tous les êtres. Les mots du poète romain Térence – « Rien de ce qui est humain ne m'est étranger » – s'appliquent également à Dieu. Nous en voyons l'exemple dans l'image de Jésus sur la croix. Dans la vision archétypale, le Dieu souffrant souffre par lui-même, pas parce que nous Le faisons souffrir. Nietzsche fait ce commentaire : « Les dieux ont justifié la vie humaine en la vivant eux-mêmes – la seule théodicée satisfaisante jamais inventée. » *Le véritable et excitant mystère n'est pas de savoir pourquoi Dieu permet la souffrance, mais : « Quelle puissance évolutionnaire doit avoir la souffrance pour que Dieu lui-même la partage ? »*

Dans une conscience spirituelle immature, notre prière est celle-ci : « Sauvez-moi des données de la vie. » Dans une conscience spirituelle mature, cette prière devient : « Soyez avec moi dans les données pour que je puisse les affronter. Restez avec moi en elles au lieu de les abroger pour moi. Je ne veux pas manquer tout ce qu'elles peuvent m'apprendre. »

L'art d'apprivoiser le moi

> « Il fouille dans mes réserves secrètes
> Le vrombissant Sarrasin
> Son amour avide est un cimeterre
> Qui libère mes pollens.
>
> Et moi, vaincu, je délie ma robe
> Et m'incline très bas
> Pour accueillir son bruyant bourdonnement
> Et me laisser piquer. »
>
> David RICHO

Notre moi s'indigne à l'idée de devoir se plier à des conditions qui ne garantissent pas son droit à la célébrité, à la fortune, à la santé, au bonheur et à l'invincibilité. Ce moi névrotique n'est pas une identité mais une série de sentiments incrustés en nous : Peur, Attachement, Maîtrise, Bon droit. Voilà ce que nous nous efforçons de sauver, et nous sommes prêts à tout pour le conserver. Tels sont les quatre motifs du moi et la cause de notre souffrance. Nous sauvons la face et perdons notre chaleur humaine. Sans compter que l'entretien qu'exige le moi est souvent épuisant.

La face du moi peut être transformée par l'engagement spirituel. La peur peut faire place à l'amour. L'attachement peut se transformer en renoncement. La maîtrise peut s'adoucir en autorisation. Le sentiment du bon droit peut devenir le travail pour la justice sans haine ni vengeance. Ce moi au masque levé ne hait plus personne. La haine n'appartient pas au répertoire d'une personne saine, ni au plan psychologique, ni au plan spirituel.

Le moi est un cheval sauvage qui peut être dompté par une conscience plus haute, l'esprit de bouddha, l'état d'extase de la conscience et de l'ouverture, la conscience non duelle qui est notre véritable nature. Il arrive un moment où le dompteur de l'illumination montre qu'il ne peut être délogé et qu'il est là pour rester. Dès lors, le cheval sauvage du moi comprend qu'il se bat contre son propre objectif vital : « Mon incapacité à vaincre me montre ce que je suis, et que j'ai été conçu pour cela. C'est pourquoi mon dos est formé de cette façon. Aussi laissez-moi être chevauché. » Désormais, ils travaillent de concert comme des alliés.

Notre moi n'a jamais été conçu pour mourir, seulement pour être dompté afin que ses énergies sauvages puissent être appliquées à un meilleur usage. Il est capable de changer : l'énergie de sa peur devient de l'excitation vis-à-vis des défis, et de la prudence vis-à-vis des dangers. L'énergie de son atttachement devient de l'engagement. L'énergie de sa maîtrise devient la capacité à faire les choses. L'énergie qu'il passe à affirmer son droit devient un sentiment sain de justice qui travaille infatigablement à ce qui est juste, mais ne s'abaisse jamais au châtiment comme solution.

Tout cela exige le démantèlement du moi névrotique, afin que le moi sain puisse prospérer. Comment pouvons-nous faciliter cette transition ? Il faut un oui dix fois plus fort. À titre de pratique spirituelle, interrogez-vous à partir de ces dix affirmations. Quel est leur degré de vérité pour vous ?

- Nous devenons suprêmement transparents quand nous cessons de nous soucier de notre apparence.
- Nous acceptons toute condition de l'existence, si minime soit-elle, au lieu de nous y opposer ; par exemple, nous faisons patiemment la queue à la caisse au lieu de pester et de grogner. Un exemple plus difficile peut être l'acceptation de la mort d'un enfant. Le chagrin inclut la tristesse et la colère, mais ne veut pas dire que nous devenons amers ou suicidaires.
- Nous agissons de façon juste dans nos propres relations et nous travaillons à la justice dans la société.
- Nous ne perdons pas de vue l'humanité essentielle de ceux qui font le mal, sans jamais désespérer de la transformation des autres. C'est là une implication de l'impermanence. Si mal que quelqu'un se soit conduit, il peut changer pour le meilleur, de sorte que nous ne renonçons jamais. Nous pardonnons aux autres et nous cherchons des moyens de nous réconcilier.
- Nous n'attendons plus de permanence en quoi que ce soit, par exemple une intégrité absolue de notre part, ou une justice absolue de la part des autres.
- Nous reconnaissons notre côté obscur. Nous admettons nos torts – présents et passés – et faisons amende honorable. Cela nous aide à abandonner nos regrets et nous rend plus humbles.
- Nous éprouvons de la compassion pour l'innocent qui souffre, sans demander pourquoi si sa douleur

vient d'un désastre naturel, en demandant pourquoi si elle découle d'une action humaine.

- Nous ne haïssons pas.
- Nous ne cherchons plus à être parfaits, mais voulons simplement être fidèles à notre travail psychologique et à notre pratique spirituelle.
- Nous voyons les données de la vie comme des moments qui nous offrent un don et une issue. Nous en sommes reconnaissants et franchissons le seuil ouvert.

Les engagements au-delà du moi

Le cerveau humain contient toute notre histoire évolutionnaire. Selon le spécialiste des neurosciences Paul MacLean, notre cerveau abrite trois niveaux : reptilien, mammalien et cognitif-rationnel. Le noyau reptilien instinctif de notre cerveau gouverne notre sens de l'action et notre puissance d'agir dans un monde qui peut être tour à tour nourrissant ou menaçant, ce qui nous permet de réagir avec discernement. Ce niveau de notre cerveau concerne la survie. Notre cerveau mammalien nous donne le sentiment d'être-avec-les-autres et avec toute la nature. Ce niveau est l'endroit où commencent la société et la coopération. Notre cortex cérébral, ou « cerveau humain », nous donne le sentiment d'être liés à un monde situé au-delà de la corde effilochée du temps. C'est l'endroit où naissent et prospèrent les intellectuels, les imaginatifs et les mystiques.

Quand notre moi est saisi par la peur, nous n'avons pas accès à notre sentiment mammalien d'appartenance, et au magnifique potentiel qu'il offre pour la coopération. Du coup, nous agissons guidés par notre passé reptilien, ce qui risque de briser notre lien aux autres ou même nous rendre violents. Cela retarde la croissance de notre pleine humanité, un don que la nature a mis des milliers d'années à nous offrir. Nous vivons parfois comme si seule la survie comptait, comme si nos seules ressources étaient reptiliennes. C'est là que la guerre, la vengeance et l'agression prennent les rênes. En tant qu'humains, nous sommes intrinsèquement aimants, mais la peur peut empêcher cet amour. Alors seul notre brutal archétype de guerrier est autorisé à s'épanouir, et non notre aimable archétype de régisseur. C'est une conduite dangereuse, puisque c'est une abréviation de nous-mêmes, un simple fragment de l'étoffe dont nous sommes tissés. C'est un oui conditionnel à ce que nous sommes.

Cet engagement à la non-violence et à la vertu n'est pris que par une minorité de gens. S'agit-il là d'une autre donnée encore ? Ce n'est pas le style des gens ordinaires ; il est accessoire dans la société et le gouvernement. Un oui éclairé à la donnée que peu de gens sont non violents nous conduit à limiter nos attentes et à cesser d'accuser les autres. Reconnaître la puissance du côté obscur de l'humanité collective signifie que la guerre n'est pas une surprise. Notre conscience spirituelle surgit de notre protestation et de notre compassion pour ceux qui ne croient pas encore aux possibilités de solutions pacifiques. Nous disons oui au fait que nous sommes une minorité. Nous le faisons sans désespérer, puisque nous ne désespérons pas encore de l'émergence d'un monde nouveau en construction.

Le côté obscur collectif de l'humanité inclut la guerre, le génocide, l'esclavage, la vengeance, le racisme, la désignation de boucs émissaires et la torture. La tendance de ce côté négatif à l'emporter dans les affaires humaines est proportionnelle au degré de décadence où est tombée une société. Dans l'esprit « et… et », nous disons oui à ces faits difficiles au lieu de les nier. En même temps, nous ne renonçons jamais à œuvrer pour le changement, tout en sachant que le bien parfait ne l'emportera jamais complètement. La guerre est une donnée de ce pool de gènes, mais une donnée qui pourrait être inversée à tout moment si nous choisissions de le faire. Ou devons-nous attendre l'extinction d'*Homo sapiens* et l'arrivée d'*Homo spiritualis* ?

Notre pratique spirituelle du oui est le paradoxe des paradoxes et le miracle des miracles. C'est parce que nous sommes la preuve vivante – bien que parfois en danger – que les inclinations primitives obscures du collectif humain peuvent être défiées et évoluer peu à peu. Nous sommes de fait la seule chance pour sa survie. Nous agissons avec un amour non violent, non parce que c'est une stratégie qui marche à chaque fois, mais parce que c'est ce que nous sommes au-delà du moi.

Une réponse éclairée à l'injustice

Nous pouvons élargir notre pleine conscience en regardant notre moi à l'œuvre dans nos peurs, dans nos attachements – ces préférences auxquelles nous nous accrochons –, dans notre tendance à contrôler les autres et dans notre certitude de notre bon droit. Nous les étiquetons alors simplement comme des causes de souffrance, sans honte ni répulsion. Cette équanimité, cette conscience et cette acceptation sont le remède à l'insatisfaction fondamentale de la vie humaine (la première noble vérité du bouddhisme). De même, dans la pleine conscience, « faire » et « être » se rencontrent dans la félicité et deviennent une seule et même expérience.

L'injustice brise un lien de confiance. La pleine conscience conduit à la compassion et, en ce sens, au même titre que le développement infantile et l'intimité adulte, elle concerne la connectivité. La pleine conscience peut sembler une activité solitaire et donc sans interconnexion avec les autres. Mais dans une méditation engagée de pleine conscience, nous veillons à notre souffle non pas simplement parce qu'il est le nôtre, mais parce qu'il est le souffle de tous les êtres et de toutes les choses. Nous respirons dans l'air que nous partageons tous aujourd'hui et avons respiré avant. Nous respirons non comme des individus mais comme des participants à l'univers qui respire à travers nous. Chaque pratique spirituelle concerne toute chose, une fois que le moi effrayé n'est plus à la barre.

La méditation quotidienne et la pleine conscience conduisent à la libération de l'emprisonnement dans la citadelle du moi en faveur d'une vie libre, faite de sagesse et de compassion. La pleine conscience est une sagesse libératrice parce qu'elle nous révèle le véritable visage de notre moi névrotique. Puisque c'est la même face que nos frères humains s'efforcent eux aussi de sauver, nous éprouvons de la compassion pour eux. La pleine conscience devient un oui à l'amour.

La pleine conscience en tant que pratique de méditation signifie s'asseoir chaque jour pendant au moins quinze minutes en se concentrant sur sa respiration. Quand la peur, le désir, le jugement, les plans et les fantasmes du moi font irruption, nous redirigeons doucement notre attention vers la réalité ici et maintenant de notre respiration. Telle est la pleine conscience en tant que oui au moment présent.

Par un oui pleinement conscient, nous entrons en contact avec quelque chose en nous – l'esprit de Bouddha, la conscience du Christ, la puissance supérieure – qui n'est pas obsédé par le juste ou l'injuste, le gain ou la perte, le succès ou l'échec, la célébrité ou l'oubli, l'abondance ou le manque, la louange ou le blâme, le plaisir ou la peine, la joie ou la douleur, la récompense ou le châtiment, la vie ou la mort.

Notre engagement à accepter le présent simplement tel qu'il est, à autoriser son plein développement et à vivre pleinement en lui transforme les données en grâces. Les changements et les fins deviennent des visions de la réalité de l'impermanence, ce qui nous permet de lâcher prise plus facilement. Les plans qui échouent nous éveillent au mystère de la synchronicité. Un manque de justice nous rend plus zélés à œuvrer pour elle. La souffrance en nous-même nous conduit à montrer de la compassion aux souffrances des autres. La déloyauté ou l'absence d'amour de la part des autres nous donne le don des larmes et nous tourne plus intensément vers notre pratique de douceur aimante. Notre oui inconditionnel au présent en fait un présent ouvert.

Puissé-je me montrer juste dans toutes mes relations et généreux dans tout ce que je donne, et puissé-je demander de la justice de la part des autres, mais sans demander qu'ils soient punis s'ils manquent à en faire preuve à mon égard.

CHAPITRE IV

La souffrance fait partie de la vie

« Pour que notre cœur se plie sans révolte à la dure loi de la création, n'y a-t-il pas un besoin psychologique de trouver une valeur positive capable de transfigurer cette perte douloureuse en un processus qui nous modèle et la rend digne finalement d'être acceptée ? [...] Si sombre et répugnante qu'elle soit, la souffrance nous a été révélée comme un principe actif suprême pour l'humanisation et la divinisation de l'univers. »

Pierre TEILHARD DE CHARDIN

Une donnée de la vie est qu'il y a un coût à toute chose, et que la souffrance fait partie de ce coût. Cette donnée est énoncée dans la première vérité noble du bouddhisme, souvent traduite comme « la Vie est souffrance », ou « la Vie est insatisfaisante ». Nous pouvons aussi affirmer cette vérité en disant que *la souffrance n'est pas un châtiment, et le plaisir n'est pas une récompense.* Ce sont simplement des caractères de toute existence.

Nous souffrons sur le plan physique, psychologique et spirituel, et nous grandissons par là même. La souffrance semble un ingrédient de la croissance dans chaque phase et à chaque seuil de notre développement. Pourtant, ce n'est pas un dispositif dont se servirait une puissance logée dans le ciel pour nous faire grandir. Ce n'est pas une épreuve initiatique. Elle n'est pas imposée, mais plutôt intégrée dans la nature même du changement, un autre mystère que le moi persiste à ignorer.

Sur le plan physique, la douleur peut survenir de façon aiguë, du fait d'un accident soudain ou d'une blessure infligée par un autre. La douleur peut aussi être chronique, résistante aux traitements qui visent à la soulager. Une certaine douleur physique auto-infligée peut être le signe d'un grave trouble psychologique.

Il existe de nombreuses sortes de douleur psychologique. Nous sommes tous sujets à des détresses mentales et à des pathologies de l'humeur – notamment la dépression, l'anxiété, l'obsession, la compulsion, les troubles caractériels et les comportements de dépendance. Une certaine souffrance psychologique est la conséquence d'événements naturels qui surviennent dans chaque vie humaine. Elle est suscitée par des pertes, des déceptions, des trahisons, des abandons, un comportement injuste, etc.

Prenons par exemple la souffrance que nous fait éprouver une perte. C'est une donnée que dans toute entreprise ou activité, nous devons être prêts à perdre quelque chose. Nous pouvons perdre un compagnon, un parent, un enfant, un ami. Nous pouvons être blessés ou volés chez nous ou en voyage. Nous pouvons perdre à la Bourse, ou en amour, ou même perdre la tête. C'est un handicap de ne pas parvenir à accepter la douleur des pertes, des revers, des fins, de l'injustice ou de toute autre donnée. Nous aurons du mal à vivre heureux si nous sommes incapables d'accepter les lois de la vie sans sourciller. Les données deviennent des causes de souffrance quand nous persistons à les rejeter, ou quand nous nous effondrons devant elles. Toute réaction autre que le oui est un handicap.

Certains attirent sur eux la souffrance et la crise ; d'autres les voient tomber sur eux et ne font qu'accroître leur douleur par leur manière d'y réagir. Nous devons tous affronter la souffrance, et quand nous l'appréhendons en pleine conscience, nous la ressentons simplement telle qu'elle est. Si nous y ajoutons les couches du moi, les états d'esprit de la peur, du blâme, de la honte, de l'attachement à un résultat, de la plainte ou de l'obsession, nous ne faisons qu'empirer les choses.

Par exemple, je fais un mauvais investissement et je perds de l'argent. La douleur associée à cette perte est du chagrin. J'ajoute de nouvelles et plus féroces dimensions à ma tristesse quand je m'accuse, quand je me traite d'idiot en m'obsédant sur mon erreur. J'essaie alors de contrôler mes futurs rapports avec l'argent plus soigneusement que jamais et je deviens phobique de la dépense. Je suis pris désormais dans des chaînes forgées par mon propre esprit. C'est pourquoi renoncer au moi est si crucial pour la libération. Cela nous permet d'expérimenter la réalité avec ses conséquences naturelles, qui ne sont jamais aussi graves que celles que nous construisons dans notre tête. En outre, la réalité et ses conséquences sont des synchronicités fiables qui nous conduisent à de nouveaux possibles et de nouvelles perspectives. Se pourrait-il que tous nos tours et détours mentaux soient des fuites hors de la réalité et de la destinée ?

Certains vivent la vie sereinement, sans crise ni grande douleur. Est-ce le fait du hasard ou de la volonté ? « Il n'y a pas de place pour le hasard dans le monde plein de sens de la psyché », dit Jung. Le bouddhisme rattache tous les événements à un ordre invisible de karma. Le judéo-christianisme et l'islam proposent l'existence d'un plan divin doté d'un sens, si confus que nous apparaissent les événements. La psychologie des profondeurs voit tous les événements comme des voies synchrones pour découvrir et vivre notre plein potentiel.

Les événements révèlent la vérité sur notre vie, cette vérité que nous tentons si souvent de fuir, d'annuler ou d'inverser. Pourtant, c'est aussi une donnée que nous ne comprendrons jamais pourquoi certaines choses nous arrivent. Le réconfort même que nous tirons de nos explications doit nous conduire à nous interroger sur leur authenticité. Peut-être le besoin de savoir est-il un aspect du désir de maîtrise du moi. Cette façon de vivre ne rend pas compte des innombrables mystères que nous rencontrons dans la vie. Une psychologie ou une religion qui explique tout nous coupe d'un sentiment d'émerveillement sur le monde et d'une croissance dans l'humilité. Saint Jean de la Croix, un mystique espagnol, énonçait avec bonheur son message mystique en ces termes : « Je suis entré je ne savais pas où, et je me tiens ici, sans connaître : il ne reste rien à connaître. »

Toutes les traditions s'accordent à dire qu'une croissance pourvue de sens s'effectue au prix de la souffrance. Pourquoi ? C'est un mystère, et le fait qu'il n'y ait pas de réponse satisfaisante est lié à la première noble vérité du caractère insatisfaisant de la vie humaine. On ne peut que l'accueillir par un oui, pas la déconstruire avec une réponse.

Dans le bouddhisme, le karma est la base de la confiance dans ce qui nous arrive, dans les cartes qui nous sont distribuées, dans la douleur que nous n'avions pas prévue. Croire au karma, c'est croire qu'il se prépare quelque chose que le moi ne peut pas conjurer. C'est peut-être ce quelque chose, dont nous ignorons le pourquoi et le comment, qui est sans cesse à l'œuvre pour que l'évolution se poursuive et s'épanouisse à travers nous. Quelque chose dans notre propre réalité nous transfigure sans cesse à travers notre douleur. Est-ce cela que l'on entend par la joie dans la souffrance ?

On dit de la douleur que nous n'en recevrons jamais plus que nous n'en pouvons supporter. Un adulte a accepté la donnée qu'il n'y a personne là-haut pour l'assurer de ce fait. En effet, dit Jung, « le divin parfois nous en demande trop ». Ce que nous pouvons supporter est directement proportionnel à la force intérieure et aux ressources que nous avons rassemblées au cours de notre vie. Un trésor de nature, de poésie, d'art, de musique, d'amour, d'intégrité spirituelle ; un sentiment cohérent du soi ; un accès à une version adulte d'une puissance supérieure ; les relations que nous chérissons – autant de choses qui nous garantissent des sources de nourriture spirituelle d'une inépuisable richesse.

Notre capacité à affronter la douleur s'accroît en proportion de notre pratique spirituelle et de notre travail psychologique. Mais même quand nous avons travaillé sur nous-mêmes, il peut encore y avoir des événements et des moments qui sont trop durs à supporter. L'humilité tient dans l'acceptation de la réalité avec toutes ses surprises, dans l'acceptation de nous-mêmes avec toutes nos limites.

Nous n'apprenons pas à gérer ce qui nous arrive uniquement par notre travail sur nous-mêmes. Dans l'enfance, nous nous sommes attachés à nos parents et leur avons fait confiance, eux qui nous ont nourris et protégés. Ils veillaient à ce que nous n'ayons pas à affronter plus que nous ne pouvions supporter. Mais ils ne pouvaient pas réussir à chaque fois. Une fois adultes, la sécurité ne signifie pas pour nous que nous ne serons jamais blessés ou que nous pourrons échapper à la mort. Elle signifie que nous allons accepter le soutien des autres et faire tout ce que nous pouvons, puis laisser la vie se dérouler d'elle-même.

Notre attachement aux sages gardiens qu'étaient nos parents nous a permis d'apprendre à nous protéger. Des expériences répétées de protection nous ont donné un sentiment de sécurité intérieure : « Vous m'avez aidé à affronter les choses, de sorte que je peux maintenant affronter ce qui m'arrive. » En tant qu'adultes sains, nous avons intériorisé la base de sécurité modelée et garantie par nos parents. Ce sentiment d'une sécurité intérieure fiable est ce que l'on entend par l'enracinement ou le centrage. C'est aussi ce que l'on entend par le sentiment intérieur de la présence de Dieu ou de Bouddha comme un refuge.

Les gens qui ont subi une grande douleur peuvent souffrir plus tard d'un trouble de stress post-traumatique. Une exception frappante a été observée chez les Tibétains torturés par les Chinois. Ils semblent sortir de cette épreuve relativement indemnes. Au cours de ces tortures, ils restent concentrés sur leur pratique de compassion pour leurs oppresseurs et leur conscience d'œuvrer par le biais du karma. Les Tibétains disent donc un oui non égoïste à la terrible situation qui leur est faite. Ils ne se vengent pas. Ils ne haïssent pas leurs persécuteurs. Ils ont une équanimité qui leur permet de poursuivre leur vie avec leur amour intact. Quel argument en faveur de la nécessité d'une pratique spirituelle si nous voulons survivre d'une façon saine !

Sommes-nous des victimes ?

Quand nous voyons Dieu comme un sauveur ou un parent dans le ciel, nous dépendons de lui pour notre protection et risquons de perdre notre foi en lui s'il ne se manifeste pas. Quand nous renonçons à la version infantile de la vie, nous nous retrouvons seuls, entourés d'autres mais pas forcément défendus par eux contre les menaces perturbantes de la vie. Sans « parent » en vue, il peut nous arriver d'avoir à supporter plus que nous ne pouvons affronter, et donc de ployer sous la charge. Cela aussi exige un oui. Notre objectif dans la vie n'est pas de rester droit dans nos bottes à tout instant, mais de nous effondrer avec grâce quand c'est ce qui doit arriver. Le fait de l'impermanence nous donne l'espoir de nous relever ensuite.

Même le héros le plus intrépide est parfois vaincu et doit compter sur les autres pour le sauver, et ces autres peuvent ou non intervenir efficacement. Au cours du voyage qu'est la vie, nous progressons non seulement par la maîtrise de la peur, mais aussi par une reddition occasionnelle à celle-ci. Ainsi, le fait de recevoir parfois plus que nous ne pouvons supporter n'est pas un défaut dans la vie ou en nous, mais une façon de nous accomplir en démantelant notre moi farouchement individualiste. Nous apprenons à nous appuyer sur les autres, si inappropriés soient-ils, et à reconnaître ainsi notre interconnectivité. Rappelez-vous Robin des Bois en prison, privé de ses moyens d'action, attendant l'intervention de Marion.

Le mouvement du *self-help* répète avec insistance, parfois de façon un peu rigide, que nous ne sommes jamais des victimes. Un adulte sait qu'il est parfois inévitable d'en être une au cours d'une expérience complète de la vie. Il nous arrive à tous de nous faire rouler, trahir, tromper, assommer. Nous avons beau tenter d'éviter toutes ces possibilités, de chercher furieusement à les corriger quand elles surviennent, nous ne pouvons les esquiver totalement. Chaque archétype humain, y compris celui de victime, est légitime à un moment ou un autre une fois que nous avons assez d'humilité pour accepter que n'importe quoi peut arriver à n'importe qui. (Ce qui revient à accepter de bon cœur d'être n'importe qui plutôt que de continuer à clamer à tous vents : « Je suis Quelqu'un. »)

Être humain, c'est être vulnérable, et un moi qui ne peut pas s'en accommoder et passer là-dessus est un danger pour le développement spirituel. Si tout s'effondre, je vais affronter ce fait en conservant les morceaux, puis en ramassant ces morceaux. Ce puzzle nous aide à distinguer deux types de victimes. Certaines se vautrent dans la douleur et le mépris, dans l'attente que quelqu'un vienne les délivrer. Elles s'offrent de plus en plus à devenir des proies à mesure qu'elles perdent leurs limites.

Mais d'autres victimes sont simplement vulnérables d'une façon ouverte et saine, ce qui leur permet de faire l'expérience des trahisons qu'apportent parfois la vie et les relations. Elles sont blessées, mais elles disposent d'une technologie spirituelle pour gérer leur blessure. Elles ne blessent pas en retour. Elles ne se laissent pas blesser davantage. Elles se relèvent et souhaitent l'illumination pour ceux qui les blessent. C'est ainsi qu'elles laissent leur cœur plus ouvert que jamais et se fortifient contre les prédateurs, tout en restant ouvertes aux « coups et aux flèches de l'amour ». Ce sont peut-être des victimes, mais pas des morts ni des grands blessés.

La douleur est parfois personnelle : quelqu'un me dit quelque chose qui blesse mes sentiments. Mais parfois elle dépasse ma propre personne, quand quelqu'un me prend pour bouc émissaire ou me blesse à cause de mes croyances, de ma race ou de mes préférences sexuelles.

Ce crime haineux nous ramène au côté obscur collectif de l'humanité.

Aucun être humain ne peut affronter un fardeau si dangereux ni n'est conçu pour cela : il nous faut une communauté au sein de laquelle le porter et le gérer, sous peine de nous sentir terriblement isolé et fragmenté. La possession par la souffrance archétypale de notre espèce est trop lourde, même pour un héros. Ainsi, quelqu'un pourrait ressentir si violemment l'impact de la guerre ou de l'antisémitisme qu'il en soit paralysé de chagrin ou poussé à des missions suicidaires par le désir fanatique des autres de l'éliminer. Pourtant : « Ma désolation est bien la prémisse d'une vie meilleure », dit la Cléopâtre de Shakespeare. Nous pouvons travailler sur notre triste situation et y trouver une voie.

Un adulte spirituellement évolué cherche non pas une réponse, mais un sens. En effet, il est plus difficile de supporter ce qui est indéfini et nous laisse perplexe. La maturité ne vient pas nécessairement d'une compréhension claire, mais des opportunités de sagesse et de compassion que nous offre l'événement. Saisir le sens est plus une affaire d'appréciation que de certitude intellectuelle.

Voici trois commentaires sur le sens : « Le sens rend certaines choses supportables, peut-être même toutes », écrit Jung. Cela signifie que nous pouvons dire oui à tout ce qui nous arrive. Sainte Thérèse d'Ávila écrit : « Quand nous acceptons ce qui nous arrive et en tirons le meilleur, nous louons Dieu. » Ainsi le oui est-il une prière qui nous libère et nous transforme. Le sage hindou Govinda ajoute : « Nous sommes transformés par ce que nous acceptons. Nous transformons ce que nous avons accepté en le comprenant. » Le défi adulte consiste donc à croire en l'existence d'un dessein qui cherche à se réaliser dans notre vie, malgré ses aspects hasardeux et brouillons. Un oui éclairé et inconditionnel est le téléscope qui nous permet de distinguer ce dessein. Nous avons alors le sentiment d'appartenir à une constellation au lieu d'un simple éparpillement d'étoiles.

Un oui à la souffrance qu'apporte la nature

> « La rédemption est une séparation et une délivrance d'une condition préalable d'obscurité et d'inconscience, qui conduit à une condition d'illumination et de victoire sur tout ce qui est "donné". »
>
> Carl Gustav JUNG

L'histoire de l'illumination de Bouddha vise à nous faire comprendre que la souffrance et l'obscurité font partie de l'ordre naturel des choses – et que la nature nous est une alliée pour affronter les réalités de la vie. Selon la légende, après de nombreuses années de quête spirituelle, Bouddha s'assit en méditation sous l'arbre de l'Éveil en faisant le vœu de ne pas bouger jusqu'à ce qu'il ait acquis l'illumination. Alors qu'il était assis là, il fut attaqué par les forces mauvaises des Mara, une armée de démons.

Selon une version thaïe de la légende, le Bouddha était entouré de devas, des esprits bienveillants qui le couvraient de louanges. Pourtant, tous s'enfuirent aussitôt à la vue des Mara. Seule la déesse de la terre, Nang Thoranee, resta à son côté. Quand Bouddha la toucha, quand il toucha la terre, elle se dressa devant lui sous les traits d'une femme magnifique. Rappelant à Bouddha qu'il lui avait autrefois offert de l'eau, elle tordit sa chevelure mouillée, et des torrents d'eau bloquèrent le passage aux armées d'invasion. Elle convoqua ensuite le tonnerre et les tremblements de terre pour achever de les mettre en déroute. Le côté sombre de la terre devint une force adjuvante sous forme de désastres naturels. Les puissances de l'ombre ne furent pas détruites, mais simplement déplacées. Cela reconnaît l'archétype de l'ombre qui demeure en nous, quels que soient nos efforts pour nous y opposer. L'ombre est une donnée incontournable de notre vie.

Quand le Bouddha trouva l'illumination, les démons furent consternés à la perspective de l'arrivée d'une telle lumière dans le monde. Tel est l'archétype de la combinaison des contraires : la Lumière crée l'ombre, et de l'obscurité jaillit la lumière. La bonté est attaquée par les forces du mal, et les forces du bien affrontent les forces des ténèbres.

L'ombre est le terme adopté par Jung pour désigner le côté sombre de la psyché, personnifié et incarné dans les individus et les événements collectifs de l'histoire. Nos égarements et nos pulsions obscures servent à nous rendre plus intéressants à nous-mêmes. La nature étant partie intégrante de la conscience, elle a aussi sa part d'ombre, qui prend la forme de tremblements de terre, d'inondations, d'éruptions volcaniques, d'ouragans, de tornades, de tsunamis, etc. La nature n'est pas que fleurs et petits oiseaux ; elle contient des éléments déplaisants et fortement destructeurs. Aimer la nature ne veut pas dire que l'on est tenu d'aimer toutes ses humeurs et ses vicissitudes. Mais cela veut dire honorer toutes les saisons et tous leurs possibles.

Sous quelle forme honorer ces saisons ? Sous la forme du oui, qui consiste à accepter simplement les aspects douloureux ou déplaisants du monde naturel comme nécessaires et inéluctables, quelque détresse qu'ils nous apportent. C'est apprivoiser l'ombre, au lieu de la craindre ou la haïr. Nous faisons une place à la boue, à la vermine, aux insectes venimeux, aux rats, aux choses et aux lieux que nous n'aimons pas, aux événements inattendus qui nous terrifient et nous font du mal. « J'ai contemplé les serpents d'eau [...] aucune langue ne pourrait énoncer leur beauté », dit le Vieux Marin de Coleridge au moment de son illumination. Recevoir l'illumination, c'est voir la lumière dans l'obscurité – une autre combinaison des contraires.

Nous pouvons prononcer un oui éclairé et inconditionnel aux variétés de lumière et d'obscurité dans notre existence planétaire sans plainte ni hésitation. Maintenir un monde clivé, bon ou mauvais, revient à dire que nous nous clivons nous-mêmes en désir de l'un et peur de l'autre. Accepter la réalité comme intégrée, contenant tous les contraires et les réconciliant, c'est se libérer du joug de la peur et du désir. C'est ainsi que la santé psychologique et la clarté peuvent être des occasions d'éveil.

Dans le bouddhisme, comme dans bien d'autres religions, nous rencontrons des images de déités naturelles qui représentent l'extase et le courroux. Ce sont des personnifications de ce qui peuple notre vie intérieure. Loin d'être des archétypes contradictoires, elles représentent la réalité unifiée si souvent divisée par nos esprits analysants. Que signifient *extase* et *courroux* ? Ce sont des termes subjectifs : quand nous sommes empêtrés dans le moi, les archétypes de notre vie intérieure nous apparaissent pleins de colère ; quand nous sommes dans la pleine conscience, ils nous apparaissent bienheureux. Ils recherchent notre amitié et testent notre loyauté par leur aspect menaçant. Les figures de l'ombre qui nous effraient deviennent des alliées car, quand nous les affrontons, elles nous offrent leur courage. Cela survient quand nous sommes motivés par l'affirmation *oui* au lieu de la question *pourquoi*.

Être avec la souffrance des autres

La méditation de pleine conscience est conçue pour être une pratique quotidienne. Nous pouvons envisager deux types de méditation. La première est la méditation concentrée, où nous prêtons attention à une idée, à un objet ou à une image dans un refuge calme, qui ne soit gêné ni par des interruptions, ni par des états d'esprit du moi comme la peur ou le désir. L'autre est la méditation de pleine conscience, où nous notons simplement minute par minute l'activité de notre esprit. Nous percevons alors le monologue qui se poursuit dans notre tête, et nous comprenons qu'il peut nous mener à la croyance que nous sommes un soi séparé. Nous sommes bien des êtres distincts, mais quand nous nous obsédons sur ce point, nous perdons de vue l'autre vérité à notre sujet – que nous sommes interconnectés et non pas définitivement séparés comme des êtres indépendants. La pleine conscience révèle notre vraie nature au sein de la nature.

La psychologie et la spiritualité ne cessent de fusionner. Jung percevait une dimension positive dans le bavardage mental qui semble s'insinuer au cours de la méditation : il y voyait une voie pour explorer les images et les pensées de l'inconscient. Le Bouddha nous enseigne de vivre dans la présence consciente au moment présent. Heinz Kohut, un psychanalyste du Soi, parle d'« immersion empathique ». Il entend ainsi la présence dévouée du thérapeute au client, ou de l'ami à l'ami, non entravée par le jugement, le désir de le réparer ou de le changer, ou les projections personnelles.

La présence en pleine conscience signifie que quelqu'un pénètre dans le jardin intérieur de l'autre et le traverse sans piétiner aucune de ses fleurs, sans blâmer quiconque de la présence de mauvaises herbes, en appréciant pleinement le temps, la souffrance et le degré de croissance qu'il a fallu pour qu'il soit ainsi. Comment accomplir cela dans nos propres relations ? Il nous faut une concentration engagée suscitée par la contemplation, l'attention nue et éclairée d'un témoin vigilant et bienveillant. Une présence contemplative suppose d'écouter, de voir et de participer sans les divertissements de la peur, du désir, de la maîtrise, du jugement ou de la projection.

L'illumination nous conduit à nous alléger de la lourde armure du moi. Nous laissons alors automatiquement passer la lumière, puisque notre moi a cessé de s'interposer. Nous devenons un véhicule pour la lumière au lieu d'être un barrage contre elle. Pour rester ainsi avec nous-même, notre amie ou notre compagnon, nous devons être libéré du besoin d'éclaircir les choses ou d'en avoir la maîtrise. Une personne accepte simplement la vérité de l'autre, si brouillée, brisée, desespérée ou fragmentée qu'elle puisse être. Dans la présence pleinement consciente et compassionnée, il devient tout à fait acceptable d'être à la dérive au lieu d'être sur la bonne route, de manquer la cible, ou d'éprouver une aspiration sans la satisfaire. Chaque variété d'expérience humaine se voit garantir l'hospitalité dans ce zendo de douceur aimante. Dans la tradition bouddhiste, Avalokiteshvara est le bouddha de la compassion, dont le nom signifie littéralement : « celui qui entend les cris de ceux qui souffrent ». Entendre doit être une pratique de guérison.

La présence empathique signifie écouter la souffrance de l'autre avec ce que j'appelle les cinq A : attention, acceptation, appréciation, affection et autorisation. Nous prêtons attention sans être distrait. Nous acceptons ce qui est dit sans le corriger, sans rien y ajouter ni en retrancher. Nous éprouvons un souci réel pour ce qui est arrivé et pourrait arriver à cette personne. Nous autorisons tous les sentiments, ou les silences, ou les délires de l'autre à ce moment sans chercher à le blâmer, à le faire taire ou à le critiquer. Ces cinq A sont aussi les traits définissants du soutien, du *mirroring*, du soin et de l'amour intime.

Un ami qui souffre en notre présence a bientôt la certitude qu'il peut toujours être désemparé, déprimé ou confus quand il est avec nous. Il sait que nous n'attendons pas de lui qu'il aille mieux sur un simple claquement de doigts. Il sait aussi qu'on ne lui assènera pas des citations réconfortantes de Bouddha et du Christ. Celui qui souffre se voit garantir l'accès aux recoins difficiles et douloureux de sa psyché au sein de cet environnement d'empathie. Il a trouvé un compagnon qui peut rester assis avec lui dans l'obscurité. Son plus mauvais côté peut devenir visible sans qu'on le lui reproche ou qu'on lui en fasse honte.

Cette pratique spirituelle de présence sans jugement a des implications paradoxales. Car quand un sentiment ou une expérience immédiate se voit garantir une écoute en toute sécurité, il se produit une merveilleuse ouverture. Un changement survient automatiquement. Une fois qu'une personne a connu un moment qui l'autorise à aller vers la plénitude, la permission intérieure de lâcher prise et d'avancer est accordée du plus profond de la psyché. L'allure est acquise quand le pilote a une vision correcte de l'endroit où se trouve l'avion, même s'il est perdu ou détourné. Le poète Christopher Buckley nous recommande de « nous ouvrir à quelque chose dans ses propres termes ». Cette pratique de l'empathie n'est rien de moins que le oui inconditionnel appliqué à l'expérience immédiate de la douleur.

Se sentir désolé pour quelqu'un n'est pas de la compassion, puisque c'est un sentiment fortement hiérarchisé. La compassion apparaît quand nous acceptons l'autre comme un égal et la douleur de l'autre comme une chose que nous pouvons parfois ressentir nous-même. « Asseyons-nous l'un à côté de l'autre et examinons simplement cela ensemble. Cela t'est arrivé. Laisse-moi être ici avec toi pour que nous en soyons témoins ensemble. » Je ne suis pas le témoin de sa réalité ; *nous* en sommes les témoins. Le caractère crucial de ce paradoxe, c'est que l'autre doit lui aussi prendre du recul et considérer sa propre expérience comme un témoin compassionné et vigilant, et non comme un juge, une victime ou un accusateur. Ce n'est que dans une pleine conscience mutuelle que le changement guérisseur peut survenir.

Comment survient ce changement ? Dans une contemplation éclairée commune, nous voyons l'autre avec plus d'empathie, et il se voit lui-même ainsi. Cet adoucissement envers l'événement et envers lui-même lui permet de recadrer son histoire. Si elle contient de la honte, il a dû la censurer. Si elle était fondée sur la crainte, elle peut maintenant s'ouvrir à d'autres possibles, ce qui réduit la sensation d'être pris au piège sur laquelle prospère la peur.

En appliquant ainsi la conscience empathique, je gagne parce que j'apprends à regarder avec une *curiosité aimante*. Je peux autoriser la donnée d'un paysage lunaire au lieu de demander un jardin luxuriant. Je suis présent à ce qui est, sans le rejeter en faveur de ma propre vision et sans tenter de l'« expédier ». Je n'ai pas de questions ni de suggestions, mais une simple attention aux mots, aux sentiments, à l'humeur, aux gestes, au langage corporel, aux yeux – à toute source de communication possible. J'ai un esprit de débutant qui me permet d'être pleinement présent. Je reflète en miroir les sentiments de l'autre. Je sais clairement ce que je ressens, sans interférer avec ses sentiments propres. Quand je combine ainsi reflet et congruence, j'offre à l'autre l'équivalent d'un *holding* physique, un contenant dans lequel même les moments qu'il trouve les plus terrifiants peuvent être validés, supportés, et surmontés.

En entendant une histoire nous activons des états mentaux tels que la peur, le désir de maîtriser ou de réparer, le jugement ou la censure, l'illusion ou la projection. Nous pensons automatiquement à des solutions quand on nous présente des problèmes. La pleine conscience revient à descendre de ce train de pensées. Alors nos tournures d'esprit sont suspendues, et nous pouvons devenir réellement présents à l'angoisse nue de quelqu'un. Si je me surprends à juger, j'en témoigne simplement et je reviens au moment présent et à ce que ressent la personne en face de moi. Si je me surprends à transférer mes propres peurs sur l'autre, je me rappelle à l'ordre et je ramène mon attention sur ce que ressent l'autre.

Je remarque que quand mes états d'esprit (peur, jugement, blâme, besoin de réparer, obsession sur un problème) régressent, je suis bien plus en contact avec mon cœur et son empathie. J'y réagis avec une compréhension qui ne configure pas l'autre comme une victime. Je vois tout cela purement et simplement comme un *fait*, et ce fait parle de lui-même et apparaît devant moi dans toute sa puissance et son défi.

Notre empathie s'étend aussi à nous-mêmes. Nous construisons tous un roman familial pour nous condamner ou nous disculper. À partir de cette histoire que nous ne cessons de nous raconter et de raconter aux autres, nous créons toute une diversité de scénarios qui nous gouvernent : par exemple, nous sommes les victimes impuissantes de notre passé ou du traitement que l'on nous inflige aujourd'hui. Ces scénarios expliquent notre situation dans l'existence en nous débarrassant de la tâche d'amender notre vie de manière éclairée et consciente. La présence consciente à notre propre souffrance est une libération de cette illusion où nous

nous réfugions. C'est entrer dans l'explicitement réel au lieu de se dissimuler dans l'illusoire implicite.

Quand le réconfort ne sert à rien

Je remarque souvent la tendance à dire des choses réconfortantes quand un ami est déprimé ou angoissé à cause d'un événement quelconque. Les platitudes sur l'espoir et la promesse, qu'elles soient vraies ou fausses, interrompent ce qui arrive à ce moment à cette personne désespérée. Parfois, tout ce que peut ressentir quelqu'un, c'est du désespoir. Dans la nuit obscure de l'âme, nous perdons la trace de la bibliothèque de la sagesse avec toutes ses assurances rassurantes que les choses vont s'arranger, qu'il y a toujours un côté lumineux, que la mort mène à la résurrection. La valeur archétypale des vérités spirituelles n'est pas toujours à la portée de la conscience quand nous sommes dans les affres du désespoir. Ce vide mérite qu'on lui laisse son propre temps et son propre espace.

L'espoir est un clairon dans lequel on ne peut souffler – et qui ne peut être entendu – que quand l'heure est venue. Nous sommes dans la pleine conscience quand nous honorons ce qui est personnellement vrai dans ce moment, pas ce qui est universellement vrai pour tous les temps. Cette articulation de notre vérité, même limitée, prend le pas sur ce que nous jugeons être vrai de façon générale.

Une réalité existentielle est conditionnée par son moment et notre humeur. Telle est notre vie sur un mode conditionné. La réalité archétypale essentielle en est le fond non conditionné. Désormais, nous sommes face à la réalité essentielle, qui n'est pas visible tant que nous ne nous sommes pas tournés vers elle. Le défi consiste à ne pas perdre de vue la réalité existentielle de l'ici-et-maintenant, si glauque soit-elle, tandis que la vérité essentielle – toujours réconfortante – attend en coulisses le public qui viendra en son temps.

Le paradoxe, c'est que plonger plus loin dans le désespoir garantit l'accès à l'espoir, se lancer pleinement dans la douleur garantit l'accès à la cure, s'avancer résolument dans l'obscur ouvre à la lumière. Une situation que l'on embrasse inconditionnellement devient un seuil vers ce qui vient ensuite. Le « soit... soit » se change en « et... et ». Comment ? Nous ne sautons plus dans le territoire inexploré d'une humeur ou d'une douleur quelconque en brandissant la bannière de l'espoir et en la déclarant conquise. Nous restons simplement posés dans notre propre vérité et dans celle de l'autre, et cette fidélité crée le milieu où la transformation peut survenir. Cela est très compréhensible dans une psyché comme la nôtre, où les contraires, comme les étoiles, ne cessent de former des constellations agréables à la vue et dotées du pouvoir de prédiction.

Le vide fertile

> « Quand nous découvrons que le grand Vide est rempli de *c'hi*, nous savons que le néant n'existe pas. »
>
> Chang TSAI

Ovide a écrit : « Ne voyez-vous pas que l'année a quatre saisons à l'image de votre propre vie ? » Les saisons de la nature reflètent les périodes de lumière et d'obscurité dans notre vie. Attendre un printemps permanent n'est pas une façon adulte – ou naturelle – de vivre sur le long terme. L'année commence avec le printemps, où la vie nouvelle surgit chez les plantes comme chez les animaux. En été, cette vie est en plein épanouissement, les jeunes grandissent et les fruits mûrissent. À l'automne, la récolte est prête pour la moisson. En hiver, tout entre dans un état de repos et les animaux hibernent. Au printemps suivant, tout revient à la vie et le cycle recommence. La douleur et la fin caractérisent chaque phase, tout comme la joie et le renouveau.

De même, dans notre vie, nous connaissons les quatre saisons : nouveauté, plénitude, moisson et repos, puis tout recommence depuis le début. Chacun y fait entrer son propre douloureux défi. Les saisons obscures sont les prérequis du renouveau. Une rose ne peut s'assurer de réapparaître au printemps que si elle renonce à sa graine et meurt. Les graines ne sont prêtes qu'à la fin de sa floraison, et seules ces graines, dans leur saison, seront ensuite capables de germer. La fin est l'assurance nécessaire à la résurrection. Il est possible qu'il nous faille mourir de bien des façons afin de vivre de façon nouvelle. La nature est un modèle de renoncement conscient, puisqu'elle ne ressent pas comme nous la douleur de la séparation. Elle observe simplement ses saisons et les fait passer, si obscures soient-elles, sans discuter. Notre objectif n'est pas toutefois d'être comme la nature à cet égard. Nous imitons son renoncement, mais pas son apparent stoïcisme. Nos larmes sont précieuses, nécessaires, et contribuent à faire de nous ces créatures si attachantes.

Notre planète a de vastes zones de désert. Sur le plan archétypal, elles représentent le côté obscur du monde en épanouissement. La nature est une métaphore de notre vie intérieure. Ainsi, dans notre psyché, nous pouvons attendre une période de tourment comparable au désert, dans laquelle rien ne semble bouger ni grandir en nous. Ce vide torturant est la zone sombre de la vie, quand l'exubérance est partie, quand rien ne semble parvenir à revivre ou à nous renouveler, quand les choses ne s'améliorent pas malgré tous nos efforts, quand nos pratiques spirituelles deviennent plates et inconfortables. C'est là le côté obscur et impitoyable de notre monde psychique, une étendue sauvage où aucune perspective de soulagement ne pointe à l'horizon.

Nous apprécions les déserts comme des zones utiles à la planète. Mais nous sommes rarement persuadés que nos propres moments de vide et de désolation peuvent être des périodes d'incubation dans l'écologie évolutionnaire de notre propre monde intérieur. Chaque jour inclut un midi de clarté et un minuit de mystère. Dans la mesure où cela survient régulièrement et pour chacun de nous, il doit être légitime et même utile d'être parfaitement clair et heureux parfois, et parfois malheureux dans le noir. Dans l'obscurité, le pain lève. Nous sommes nourris de la lumière *et* de l'obscurité. Le style spirituel consiste à trouver un moyen d'adresser un oui conscient à l'une comme à l'autre.

Les vides pleins de détresse sont donc des défis à rester avec nous-même. Rester, c'est dire oui. La pleine conscience est une pratique consistant à participer et à rester. La présence consciente dans le vide survient quand nous prêtons attention à ce qui est, sans tenter de le comprendre, et quand nous restons en lui sans tenter d'y mettre fin. Si nous restons simplement avec l'expérience du vide, quelque chose finit par s'ouvrir en lui et en nous.

Ce qui naît de notre oui au vide n'est pas le vide mais l'espace, la transparence – deux descriptions du non-soi que nous trouvons dans l'éveil spirituel. Nous disons oui à l'obscurité silencieuse et elle se révèle une oasis nécessaire – voire aimable – dans notre paysage intérieur. Nous ne cherchons plus des choses ou des gens pour venir à notre secours. Finalement, l'espace devient aussi significatif et soutenant que les choses ou les personnes qui sont censées le remplir.

Dans le vide, nous nous sentons fragmentés, et même irréels. Comme le dit Winnicott, « il n'est pas sain de dénier la capacité innée de chaque être humain à devenir non intégré, dépersonnalisé et à sentir que le monde est irréel ». En d'autres termes, c'est une donnée de la vie que nous nous sentirons parfois isolés et irréels, perdus et désemparés. La vie de Thoreau en offre une métaphore naturelle. Il considérait l'errance sans but dans les bois comme une pratique spirituelle : « Ce n'est que quand nous sommes perdus [...] que nous commençons à nous trouver et à comprendre où nous sommes, ainsi que l'étendue infinie de nos relations. »

Il nous arrive de nous effondrer. C'est une donnée. Notre oui conscient est notre façon d'y survivre. La bonne attitude dans le vide n'est pas de retrouver la maîtrise, mais de nous asseoir simplement dans le noir. Cela demande de la confiance et de l'humilité. La confiance revient à croire que cela n'arriverait pas si cela ne nous aidait pas à grandir. L'humilité signifie accepter la réalité sans tenter de se montrer plus malin qu'elle.

Dans l'Égypte ancienne, le scarabée, ou bousier, était un symbole sacré d'unité et d'autorégénération. L'évolution du scarabée, de l'œuf à l'insecte adulte, est une métaphore de notre voyage vers la maturité spirituelle. Le scarabée pond et féconde son œuf dans la bouse, la forme la plus abjecte de matière, liant ainsi sa métamorphose à la terre avec un solide réalisme. Le scarabée roule la bouse contenant son œuf en une boule, la pousse devant lui, et l'enterre dans le sable la nuit. Le cycle de douze heures de passage de la lumière et du connu à l'obscur et à l'inconscient représente les rôles nécessaires de la conscience et de l'inconscient – la clarté et le vide – dans la génération et la gestation de l'état adulte spirituel. La croissance exige un voyage embrassant à la fois la lumière et l'ombre. Le bousier pousse sa boule de bouse sur la terre, il s'occupe d'elle, reste avec elle, se montre loyal envers elle, confiant dans le processus alchimique de transformation en train de s'opérer. C'est un exemple d'une combinaison de confiance et d'humilité.

L'œuf du scarabée croît sous la forme d'une larve. Cette larve se nourrit alors de la bouse, la terre elle-même, pour se développer. La larve du scarabée devient ensuite un cocon gluant indifférencié. Cette sombre nuit de l'âme, le vide, dans laquelle nous ne sommes personne en particulier et nous sentons irréels, est ainsi signifiée comme aussi nécessaire à notre évolution vers la maturité spirituelle. Quand le scarabée émerge du cocon, il est prêt à poursuivre le cycle et à engendrer sa propre progéniture. Les saisons de la vie du scarabée sont les saisons de notre vie spirituelle : naissance, mort, renaissance.

La métaphore du scarabée montre à l'esprit rationnel que les cycles ne sont pas mécaniques. Ce sont des opportunités quotidiennes et souvent risquées de renaissance. Dans la nature, il y a une lumière qui surgit de l'obscurité : c'est l'aube. Il y a une naissance qui surgit de la mort : c'est la végétation. Il y a un renouveau qui émerge des fins : c'est le printemps. Nous portons ces mêmes promesses dans notre cœur, et tout ce qu'il faut pour les faire advenir est un oui à la vie avec tous ses retraits compulsifs et tous ses déploiements. Nous devenons spirituellement matures quand nous allons de nous-mêmes dans l'obscur et distribuons au monde la lumière qui en résulte, quand nous disons oui aux fins et remarquons les nouveaux commencements, quand nous disons oui aux pertes et découvrons les renouveaux. Comment cela survient-il ? C'est le résultat conséquent de notre oui inconditionnel.

Enfin, Shakespeare exprime lui aussi que les saisons de la nature nous apprennent qui nous sommes et où sont nos défis. Dans le discours du duc dans *Comme il vous plaira*, il personnifie les sombres possibilités de la nature sous forme de sages guides qui nous aident à nous trouver nous-mêmes : « Ces bois ne sont-ils pas plus sûrs qu'une cour envieuse ? Ici nous ne souffrons que les peines d'Adam, les changeantes saisons, la griffe de la glace, les reproches brutaux du cruel vent d'hiver qui m'enfonce ses dents et son souffle glacé jusqu'à ce que je sois transi, mais je souris et dis : “C'est parler franc, ces conseils me pénètrent, touchent mon cœur et m'enseignent ce que je suis”. »

Alors que je dis oui au fait de souffrir, puissé-je accepter le côté sombre de la vie et trouver ma voie à travers lui, et puissé-je alors devenir un messager de compassion pour ceux qui souffrent aussi.

CHAPITRE V

Les gens ne sont pas toujours aimants et loyaux

« Car nous devons comprendre que ne vivre ou aimer que là où la confiance règne, où il y a de la sécurité et du confinement, où l'on ne peut être ni blessé ni abandonné, où les promesses vous lient pour toujours, signifie en fait être hors d'atteinte du mal et donc être hors de la vraie vie. Et peu importe ce qu'est ce réceptacle de la confiance – l'analyse, le mariage, l'église, la loi, ou une quelconque relation humaine. »

James HILLMAN

Certaines personnes ont un comportement malhonnête ; d'autres mentent ; d'autres encore sont hypocrites. Un élément de la croissance psychologique et spirituelle consiste à remarquer tout cela sans le censurer ni vouloir en tirer vengeance. Nous n'autorisons pas délibérément les autres à être malhonnêtes ou blessants envers nous si nous pouvons l'empêcher. S'ils le sont, nous demandons qu'ils s'en repentent. Si tout cela échoue, nous laissons tomber. Si ceux que nous respectons en tant que professeurs ou modèles se révèlent des hypocrites dans leur vie personnelle, cela ne diminue pas la légitimité de leur enseignement. Un adulte sait que l'enseignement n'est pas l'enseignant. L'individu qui enseigne n'est qu'un porte-voix, et un appareil est rarement parfait. J'apprécie une balade en bateau même quand le capitaine est une fripouille.

Parfois les gens tiennent leurs promesses et parfois non. Parfois les gens nous aiment loyalement et fidèlement, voire inconditionnellement. Parfois ils nous détestent, nous rejettent, nous abandonnent ou nous trahissent. Un adulte a appris à gérer tout cela. Nous éprouvons de la douleur, mais sans qu'elle nous dévaste ou nous déstabilise. Nous apprécions et recevons l'amour que l'on nous donne avec l'esprit ouvert. Nous recevons de la loyauté avec gratitude. Nous gérons la trahison avec la force que nous avons acquise au cours de notre travail psychologique. Nous renonçons à la vengeance et agissons avec compassion grâce à nos pratiques spirituelles. Nous ne voulons pas être affectés par ce que nous font les autres au point de perdre notre propre capacité à aimer, qui est désormais tout ce qui nous importe.

Certains vont nous aimer et d'autres nous détester ; certains vont nous défendre et d'autres nous trahir ; certains vont se soucier tendrement de nos sentiments et d'autres les piétiner. Accepter cette variété comme une donnée nous rend moins susceptibles de laisser les réactions des autres déterminer notre valeur personnelle. Notre pratique spirituelle est un oui franc au spectre complet des réactions humaines que nous allons rencontrer au cours de notre vie. Nous sommes ainsi délivrés de l'obligation d'avoir une mauvaise opinion de nous-mêmes, ou d'accuser les autres de ne pas nous aimer. Aucun être humain n'a jamais été aimé ou traité avec respect par tout le monde. Cela doit se poser à nous comme un simple fait de la vie. Nous notons alors les réactions des autres à notre égard et nous continuons à les aimer et les respecter quoi qu'il arrive. Notre capacité à aimer en sort indemne.

Notre capacité spirituelle de douceur aimante envers toute chose nous aide à unir cette écorce un peu rude à un cœur tendre. C'est ainsi que la souffrance nous aide à trouver notre propre potentiel d'amour et de compassion inconditionnels. Les gens font des choses qui nous blessent, mais nous réalisons plus tard que c'était leur façon de nous pousser vers une porte en nous-mêmes dont nous n'aurions jamais soupçonné l'existence. La douleur que nous avons ressentie était la sensation de cette poussée.

Il existe deux sortes de souffrance : intentionnelle et par ricochet. Par exemple, une donnée du début d'une relation est que l'un et l'autre partenaires peuvent y mettre fin. La blessure intentionnelle intervient quand quelqu'un nous quitte d'une façon cruelle et désinvolte. Nous en éprouvons de la peine, mais la conscience spirituelle nous permet d'éprouver cette peine sans projeter de nous venger. La blessure qui en résulte survient comme le résultat naturel et inévitable d'événements et de choix raisonnables. Par exemple, notre partenaire met fin à notre relation de façon douce et respectueuse. Nous avons fait de notre mieux l'un et l'autre, mais cette relation n'était pas destinée à durer. Nous nous sentons blessé, mais c'est une blessure par ricochet, non intentionnelle, qui nous conduit au chagrin puis à la reprise de notre vie.

Il nous arrive aussi de blesser les autres. Si nous le faisons intentionnellement, nous souffrons de culpabilité, le signal intégré en nous qui nous indique qu'il est l'heure de faire amende honorable. Si nous les blessons du fait d'un choix légitime, comme celui de faire cesser une relation malsaine, nous n'avons pas à nous le reprocher. Nous trouvons des moyens de partir en douceur, sans acrimonie, et nous restons disponibles pour partager le chagrin de notre partenaire pendant le temps qui convient.

Quand les autres ne nous reconnaissent pas, nous rejettent ou nous ignorent, il est parfaitement naturel que nous nous sentions blessés, puisque nous sommes faits d'une étoffe perméable. Notre travail en tant qu'adultes psychologiquement sains est de ressentir la blessure au lieu de nous en détourner. Notre pratique en tant qu'êtres spirituellement matures est de la ressentir sans vouloir en tirer vengeance. Si nous ressentons la blessure avec une intensité qui nous semble excessive, nous pouvons nous demander si notre moi n'a pas levé sa tête exigeante et sûre de son droit. Dans ce cas, il est bon d'examiner nos tournures d'esprit en disant :

Peur : j'ai peur de ne pas survivre si tout le monde ne m'aime pas, et c'est ainsi que je suis une source de souffrance pour moi-même.

Attachement : je suis attaché à une version très spécifique de ce que l'on me doit, et c'est ainsi que je suis une source de souffrance pour moi-même.

Maîtrise : j'ai besoin de contrôler les réactions des autres envers moi, et c'est ainsi que je suis une source de souffrance pour moi-même.

Mon bon droit : je pense que j'ai droit à l'amour et à la loyauté de tout un chacun, et c'est ainsi que je suis une source de souffrance pour moi-même.

Je renonce à la peur en manifestant plus d'amour et en trouvant de l'excitation dans les défis de la vie.

Je renonce à ma version de l'attitude que devraient avoir les autres, et j'accepte la donnée de la vie que tout le monde ne sera pas toujours aimant, fiable, honnête, bienveillant ou loyal envers moi.

Je renonce à la maîtrise et laisse les autres m'aimer ou me détester à leur guise.

Je renonce à mon obsession d'être aimé et respecté par tout le monde, et je choisis de me concentrer sur le fait d'être aimant et respectueux envers tous ceux que je rencontre. C'est là ce qui m'importe maintenant.

J'ai bien conscience que je ne suis pas non plus toujours aimant et loyal, et j'y travaille.

L'influence de l'enfance tout au long de la vie

J'ai tenté de dissimuler mon début de moustache. Je me souviens même d'avoir éprouvé une sorte de honte. Il me semblait dangereux de devenir adulte dans ma famille italienne bien close. Je me disais que je risquais de perdre ma place dans la maison si j'avais l'air d'être prêt à partir. Mon besoin d'appartenance était bien plus fort que ma pulsion à grandir. Le prix de l'appartenance est parfois de rester petit.

Un sentiment d'appartenance survient dans un environnement de *holding*, un espace sûr qui contient et accueille la personne que nous sommes, en nourrissant notre croissance spécifique et personnelle. Les autres mammifères s'enfuient *quelque part* quand ils sont en crise ou menacés, mais les primates fuient *quelqu'un*. Pour assurer ce lien familial, il est possible que nous ayons dû abandonner nos besoins adultes, y compris notre besoin de croissance. Par exemple, nous avons surveillé nos paroles au lieu de nous exprimer librement. Certains téléfilms commencent par cet avertissement : « Ce film a été adapté à la dimension de votre écran. » Cela pourrait s'appliquer aussi à nous. Notre véritable Soi a pu être modifié pour tenir dans l'écran familial. Nous avons pu créer alors des fictions nécessaires, comme l'idée que les poils naissants sont dangereux et doivent être dissimulés. Après tout, un sanctuaire, si rudimentaire soit-il, vaut mieux qu'une maison vide.

Dans la jeunesse, nous cherchons à comprendre. Nous devenons anxieux si nous n'y parvenons pas. Quand nos parents ne répondent pas à notre besoin de compréhension, nous en éprouvons du désespoir. Parfois, rien n'arrive à nous faire obtenir l'amour que nous voulons, et le foyer lui-même, qui devrait être un sanctuaire, devient effrayant et dangereux. Ce fait nous inspire de la panique – la terreur sans solution possible. C'est encore plus préjudiciable pour nous quand le parent vers qui nous devrions courir est celui qui nous terrifie. Plutôt qu'une mère nourrissante, nous avons peut-être eu une mère sorcière, et il n'y avait pas de refuge où se sentir en sécurité. Face à une telle trahison, certains d'entre nous sont devenus émotionnellement incapables de créer des liens efficaces. Ils tendent par exemple à se méfier systématiquement des autres, surtout des partenaires intimes. À l'aide de notre pratique « pour les deux mains » (voir p. 46), nous pouvons tenir à la fois : « Les gens ne peuvent être toujours fiables » et : « Ce n'est pas cela qui va m'arrêter ».

Tout en remarquant la donnée perturbante que n'importe qui peut nous trahir, nous acceptons le fait qui en résulte : notre confiance dans les autres doit être provisoire plutôt que sans réserve. Le rôle de témoin nous confère de la force, le pouvoir d'apprécier la fiabilité sans avoir besoin qu'elle soit absolue. Nous nous faisons confiance désormais pour recevoir la loyauté avec gratitude et pour gérer la trahison avec fermeté, mais jamais dans un esprit de vengeance.

La confiance commence dans les premiers moments de la vie. Certains ont des parents fiables, et d'autres des parents qui le sont moins. Nous pouvons chercher désormais des partenaires adultes qui inversent ou répètent notre expérience originelle. C'est une puissante donnée de la vie que l'enfance influence nos choix toute notre vie, tant sur le plan individuel que relationnel.

Nos désirs et nos peurs issus du passé sont enregistrés de façon indélébile dans les cellules mêmes de notre corps. Nous continuons à chercher l'amour qui nous a manqué. Nous continuons à craindre une répétition des coups que nous ne pouvons pas oublier. Nous continuons à rechercher les cinq A qui représentent nos besoins dans l'intimité de l'enfance et de la vie adulte : attention, acceptation, appréciation, affection, autorisation.

Certains d'entre nous ont reçu trop peu. D'autres ont trop reçu. Les parents qui nous gâtaient trop instillaient en nous des besoins au lieu de les satisfaire. Les besoins non satisfaits ou mal satisfaits s'exacerbent plus tard. La sur-satisfaction des besoins peut conduire à la peur d'être englouti et au sentiment que l'intimité, si tendre soit-elle, est une intrusion. Les besoins mal satisfaits peuvent conduire à l'insatiabilité. Les besoins satisfaits de façon stable et cohérente peuvent être satisfaits plus tard dans la vie par des partenaires adultes, avec un apport modéré des cinq A, la seule quantité dont un adulte ait besoin et la seule aussi qu'un autre adulte veuille et puisse donner.

Certains d'entre nous ne se rappellent pas leur enfance. Nous ne nous rappelons pas bien comment nous avons été traités, jusqu'à ce qu'un partenaire nous traite comme nos parents l'ont fait. Nous pensons alors : « Cela m'est déjà arrivé. » Plus nous pouvons nous rappeler, plus nous sommes susceptibles de faire le deuil du passé et de l'abandonner, capables désormais de rencontrer d'autres adultes non plus comme des figures du passé, mais comme d'authentiques personnes du présent. Tel est le voyage vers la pleine conscience. Si nos relations rouvrent de vieilles blessures, si nous nous retrouvons dans une forêt de souffrance émotionnelle, nous comprenons que nous sommes juchés sur la croupe d'un cheval. Quelque chose est toujours déjà présent pour nous faire traverser les épreuves. Le cheval est notre don inné à affronter nos problèmes et à les gérer, notre conscience réfléchie, notre attitude du oui. Le cheval connaît le chemin vers la sortie. En chevauchant ce cheval de conscience, nous sommes en mesure d'avancer, ce qui est l'option adulte quand nous n'arrivons pas à obtenir ce qu'il nous faut là où nous sommes. Un dicton zen peut nous aider : « Dans un cas de ce genre, comment vais-je avancer ? » C'est là une question bien plus adulte que : « Qui est en faute ici ? », ou : « Pourquoi cela m'arrive-t-il ? »

Les parents qui ont une compréhension d'eux-mêmes et qui ont résolu leurs propres problèmes d'enfance créent une atmosphère propice à un attachement sécure, et donc à une croissance optimale. Ce qui importe aux parents et aux enfants n'est pas ce qui leur est arrivé ou ce qui s'est passé entre eux, mais si ce qui s'est passé a été abordé, analysé et résolu. La résolution des problèmes conduit à la santé ; l'expérience désorganisée conduit à la fragmentation. La santé mentale ne concerne pas ce qui s'est passé, mais notre façon de gérer ce qui s'est passé.

Veiller sur vous-même alors que vous vous ouvrez aux autres

C'est une donnée des relations que les cinq A ne croisent pas forcément notre route sur un mode cohérent, et certes pas à l'endroit où nous le voudrions. Un oui inconditionnel à ce fait quand il s'agit de notre partenaire nous fait passer d'une mentalité de conte de fées à une compréhension adulte. Lorsque nous acceptons avec douceur la réalité de l'inadéquation des autres, nos propres besoins commencent à changer. Nous cessons de rechercher ce que nous ne pouvons pas avoir : « Je renonce au désir d'avoir ce qui n'est pas ici et maintenant. » Nous alignons nos besoins sur les ressources que peut nous offrir notre partenaire. Paradoxalement, dès lors que nous réduisons nos attentes irréalistes, notre partenaire se sent moins sous pression et s'épanouit, au point que nos besoins se trouvent finalement mieux satisfaits : parfois, l'acceptation de la réalité peut aider la réalité à changer.

Notre défi adulte consiste à devenir nos propres tuteurs tout en étant en mesure de donner et de recevoir les cinq A. Que signifie « être son propre tuteur » ? C'est trouver une part de ses besoins en soi-même. Comment construire des ressources intérieures qui nous permettent de réaliser cela ? « Cherchez en vous-même » signifie trouver ces ressources dans la part de nous-même qui veut s'engager dans des pratiques spirituelles, pas dans la part qui est en demande et occupe le devant de la scène lors d'une crise ou dans le désespoir. Vous apprenez alors la confiance en l'existence d'une ressource saine, sage et nourrissante en vous. En fait, plus vous savez ce que vous voulez réellement, moins vous en avez un besoin désespéré, tout simplement parce que votre estime de vous-même, votre confiance et votre clarté augmentent. Voici quelques pratiques pour vous aider :

- Installez-vous sereinement dans votre réalité présente pendant un quart d'heure chaque jour. Vous considérez alors la situation sans en blâmer les autres ni vous-même, sans tenter de la changer, de la réparer ou d'y mettre fin, et sans attachement ni répulsion. Soyez simplement avec ce qui se passe, comme si vous berciez tendrement l'expérience sur vos genoux, comme la vierge de la *Pietà* de Michel-Ange.

- Remarquez où se trouvent vos besoins, vos valeurs et vos souhaits les plus profonds, et suivez-les avec concentration et diligence. En d'autres termes, trouvez ce que vous aimez et allez le chercher, si bizarre que cette activité vous paraisse. Nous trouvons nos besoins, nos valeurs et nos souhaits les plus profonds quand nous nous garantissons les cinq A : nous prêtons attention à ce que nous ressentons et à ce qui nous fait grandir ; nous nous acceptons tels que nous sommes au plus profond ; nous apprécions et nous aimons ce que nous sommes, et nous lui trouvons de la valeur ; nous nous autorisons à essayer des choses nouvelles. Tout cela est le résultat d'un oui inconditionnel à nous-même.

- Rappelez-vous votre place dans l'univers. Rappelez-vous consciemment votre famille d'origine, vos ancêtres, puis votre connexion à toute l'humanité. Faites-le pour nourrir votre sentiment de continuité et invoquer le soutien de vos ancêtres dans votre quête du riche héritage de force qu'ils ont laissé en vous.

- Commencez à considérer les autres comme des frères pèlerins, et non des autels disposés là pour vous offrir du réconfort ou des réponses. L'autel est dans votre propre cœur. Les autres peuvent être en relation avec vous et vous aider, mais ils ne peuvent pas vous compléter.
- Agissez avec gentillesse et respect envers tous les êtres. Faites-le comme une pratique spirituelle, et non comme une tactique pour manipuler les autres.
- Soyez chaque jour en contact avec la nature d'une façon ou d'une autre. Communiez avec elle dans le silence et le dialogue. La nature est la mère d'un sentiment d'appartenance qui *est* un sentiment de soi.
- Renoncez aux classiques issues de secours que sont l'alcool et les drogues. Examinez votre style de vie pour voir sur quelles issues de secours vous vous appuyez, et abandonnez celles qui sont malsaines. Si vous souffrez d'une addiction, cherchez de l'aide dans un programme en douze étapes.
- Travaillez sur vous-même par la psychothérapie ou le conseil. Reprenez votre pratique spirituelle, rejoignez un groupe ou lisez des livres qui vous soient un soutien.

En même temps, il n'est pas infantile de chercher des moments où l'on est tenu ou pris en charge par d'autres adultes. Ces moments sont importants pour notre bonheur et, de toute façon, étant donné le changement et l'impermanence qui nous caractérisent, nous n'avons rien d'autre à nous offrir mutuellement. Ces moments d'amour donnés par d'autres adultes sont une précieuse source de guérison. Ils sont le oui inconditionnel à notre existence et à notre amabilité. Dans un tel moment, nous pouvons dire : « Quand tu me tiens comme ça, je sens que tu satisfais des besoins auxquels j'ai renoncé depuis très longtemps. » Être aimé nous aide à ne pas renoncer à nous-même.

La nature et la spiritualité nous disent que nous sommes tous interconnectés, mais la psychologie occidentale traditionnelle dit que notre tâche dans la vie consiste à séparer et individualiser. Cela peut être perçu comme un clivage entre notre instinct naturel et notre travail psychologique. Nous tirons un meilleur bénéfice d'une vision qui intègre le spectre complet de notre humanité. Ce que nous devons comprendre de la conscience spirituelle mature sur l'interconnectivité, c'est que nos besoins d'humains sont interactifs. Ce n'est pas en déchargeant la tension de nos propres pulsions que nous forgeons notre caractère, mais en nous liant aux autres par un amour continu, quoi qu'il advienne et quel que soit leur comportement. La connectivité est aussi inconditionnelle que l'amour, puisqu'elle survit en toutes circonstances.

Dans les connexions qui nous satisfont, nous découvrons combien notre cœur peut s'ouvrir ; dans celles qui nous déçoivent, nous découvrons à quel point il peut devenir vulnérable. Dans les deux cas, c'est finalement entre un cœur et un autre que la manne de la totalité humaine est échangée, accordée et bénie. Quelle chance nous avons, nous les humains, que l'amour se révèle la seule aube nécessaire pour dissiper notre isolement !

> « Quand je ne t'aime pas, le chaos revient. »
>
> William Shakespeare, *Othello*

Les données des relations adultes

Dans un autre ouvrage*, j'ai exploré les caractères de l'amour mature et durable. Quand nous acceptons le fait que les gens ne sont pas aimables ou loyaux tout le temps, nous faisons un grand pas vers la maturité adulte dans nos relations. Mais d'autres données importantes des relations adultes appellent aussi le oui de la reddition. Utilisez cette liste pour voir si vous êtes à l'aise avec ces données. Auxquelles dites-vous volontiers oui et avec lesquelles êtes-vous en conflit ?

- Vous pouvez ne pas être traité avec toutes les attentions dont vous avez été entouré dans l'enfance, et cela peut vous sembler l'équivalent de ne pas être aimé. Il est normal que le degré d'attention que l'on vous porte change au long de la vie, depuis l'attention sans faille dans l'enfance à la quasi-invisibilité dans le grand âge.
- Si fort que vos parents aient pu vous maltraiter, ils ne vous empêchent pas d'effectuer une partie au moins du travail thérapeutique nécessaire à votre guérison. Vous verrez toujours comment vos parents ont influencé la forme qu'a prise votre vie, mais vous pouvez renoncer à le leur reprocher.
- Quand la question qui vous taraude est : « Pourquoi n'ai-je pas ce que je veux dans la vie ? », la question sous-jacente peut être : « Qu'est-ce que je porte encore en moi du passé ? »

---

* David Richo, *Être adulte en amour. Savoir ce que l'on veut, être bienveillant*, Paris, Payot, 2011.

- L'amour est un dispositif d'apprentissage. Quand vos parents vous ont montré un ou plusieurs des cinq A, ils ont fait plus que simplement satisfaire vos besoins. Ils vous ont appris exactement comment donner les cinq A à vous-même et aux autres. Chaque cellule de votre corps se rappelle encore comment faire.
- Votre esprit peut vous dire : « Je veux une relation paisible », mais votre corps peut vouloir ce qu'il a eu dans l'enfance : le drame de la peur récurrente et du désir insatisfait. Un indice de cette dynamique est une tendance à « mettre de l'huile sur le feu », en rendant la monnaie de sa pièce à votre partenaire au lieu d'aborder, de traiter et de résoudre ensemble votre problème. Chercher le drame dans les relations signifie craindre et désirer le tumulte en même temps. Par exemple, dans une véritable résolution de conflit, vous arrêtez la dispute quand vous remarquez qu'elle ne conduit nulle part. Si vous la poursuivez, vous recherchez le drame plus que l'harmonie.
- Le but des relations est le même que celui de notre travail et de notre vie : devenir des adultes pleinement évolués qui donnent et reçoivent les cinq A en abondance : attention, acceptation, appréciation, affection et autorisation. Faire moins reviendrait à nous nuire.
- Le critère pour entrer dans une relation est le même que celui de tout choix important dans la vie : est-ce là un cadre où je trouverai la sécurité d'être moi-même ? Où je pourrai vivre en accord avec mes besoins, mes valeurs, mes désirs et mes potentiels les plus profonds ? Où je pourrai remplir mes objectifs dans la vie ?

- « Que puis-je tirer de cette relation ? » est une question fondée sur le moi. Une question spirituellement saine pourrait être : « Que me faut-il pour pouvoir apporter ma contribution ici ? »
- Dans une relation ou une amitié solide, les partenaires peuvent se défier l'un l'autre sans crainte de perturber leur lien ou d'y mettre fin.
- Certains, surtout les gens introvertis, trouvent de la force en se retirant en eux-mêmes. Pouvez-vous gérer cette attitude comme faisant partie du style de votre partenaire, ou la prendrez-vous comme un rejet ?
- Le sexe est une telle intrication de besoins, d'histoire et d'exigences du moi, que son sens est souvent secret, même pour vous.
- Dans une relation, vous affrontez toujours deux possibilités : la réalité et le fantasme. Dans quelle mesure cette relation est-elle fondée sur les faits, et dans quelle mesure l'est-elle sur mon propre scénario et mes propres fantasmes ?
- Dans une relation difficile, un adulte passe de : « C'est de sa faute » à : « Je choisis d'être ici ».
- Vous pouvez rechercher – ou être installé dans – un attachement agréable et l'appeler de l'amour, plutôt qu'un véritable lien – qui est l'amour.
- Ce qui fonde la crainte de l'intimité, c'est la nécessité de renoncer à maîtriser la façon dont quelqu'un vous aime. Si un partenaire devient trop proche, vous pouvez ressentir la peur d'être englouti. Si un partenaire s'éloigne trop, vous pouvez craindre l'abandon. Vous pouvez ainsi être soumis à une peur quelconque toute votre vie, mais vous n'avez

plus besoin d'avoir la peur pour fondement. Il existe des façons de travailler sur la peur dans la thérapie et la pratique spirituelle.

- Si vous êtes sensible à l'abandon, il est naturel que vous soyez terrifié quand vous êtes critiqué ou quand quelqu'un se montre déçu par vous. Peut-être le percevez-vous comme un rejet grave ou permanent, comme le sevrage d'un lien dont vous avez désespérément besoin : « Cette critique signifie qu'elle ne m'aime pas, qu'elle veut me quitter et qu'elle ne m'aimera jamais plus. Quand les gens ne m'aiment pas, c'est de ma faute. »
- Le fait que « l'amour est aveugle » nous donne à tous une chance d'être aimé de quelqu'un.
- En matière de communication, nous avons le choix entre deux approches : une résolution de problèmes adulte centrée sur la question, ou un style défensif où le moi est en compétition, centré sur le souci de l'emporter, de s'affirmer et de ne pas perdre la face.
- Pouvez-vous distinguer entre un besoin et la croyance que vous avez un besoin ? En tant qu'adulte, par exemple, vous n'avez pas besoin de quelqu'un pour prendre soin de vous, mais vous pouvez croire que c'est le cas.
- Une âme sœur n'est pas quelqu'un qui dit qu'il ou elle est votre autre moitié, mais quelqu'un qui vous montre que vous êtes un tout.
- « Il est tout ce que j'ai » : ce peut être pourquoi vous restez dans une relation intenable. Une telle résignation à la douleur conduit au désespoir, à une perte de votre énergie vitale. Le désespoir dans ce cas, c'est croire qu'il n'y a aucune chance d'obtenir

les cinq A. C'est là une raison de deuil plutôt que de renoncement.

- L'attente est une aspiration pleine de nostalgie à avoir quelqu'un pour s'occuper de nous. Un adulte a renoncé à ce désir.
- Quand vous trouvez le caractère d'un partenaire stressant, il est inutile de chercher à le changer ; mieux vaut travailler sur ce qui vous paraît déplaisant. Il est plus difficile d'ôter les crocs du lynx que d'apprendre à se protéger d'eux.
- Rien ni personne ne peut vous contraindre à une réaction négative quand vous êtes engagé dans la douceur aimante.
- Nous, les humains imparfaits, avons besoin les uns des autres, et non pas de la perfection, pour être heureux et complets. Nous sommes « assez bons » les uns pour les autres tels que nous sommes.
- Il y a une différence capitale entre la vie dans une relation engagée et la vie de célibataire. Dans le célibat, les vertus d'humilité, de compassion, d'attention, de soin et de patience sont recommandées. Dans une relation, elles sont indispensables.

Une liste des limites de nos relations

Nul n'a la totalité des clés des chambres intérieures de votre être, et nul ne devrait les avoir. Il reste toujours le mystère de votre être profond et la tâche de maintenir des limites qui ne soient ni trop lâches ni trop rigides. Nous devons connaître nos propres préférences et humeurs au lieu de vivre en réaction à celles des autres.

En tant qu'adultes, notre amour est inconditionnel, mais notre engagement est conditionné par le degré de coopération de notre partenaire, et le niveau de demande de la relation. Voici une liste qui peut nous aider à voir où nous en sommes. Le côté gauche concerne la relation comme accommodation. Le côté droit concerne la relation comme négociation.

Quand vous renoncez à vos limites dans une relation, vous…	*Quand vos limites sont intactes dans une relation, vous…*
▪ annulez des engagements avec des amis parce que l'unique personne qui compte pour vous est soudain disponible.	▪ concevez votre emploi du temps sur un mode coopératif, mais respectueux de vos propres besoins et projets.
▪ ne remarquez pas combien vous êtes malheureux, puisque votre principal souci est d'endurer.	▪ reconnaissez quand vous êtes heureux ou malheureux.
▪ en faites de plus en plus pour obtenir de moins en moins.	▪ en faites plus quand cela donne des résultats (votre engagement à offrir votre aide est fondé sur son efficacité).
▪ quêtez l'approbation des autres pour construire votre estime de soi.	▪ prenez les critiques des autres comme une information, sans que cela diminue votre estime de soi.
▪ vivez dans l'espoir tout en continuant à attendre que quelque chose change.	▪ vivez dans l'optimisme parce que vous travaillez ensemble au changement.
▪ êtes satisfait tant que vous tenez et survivez.	▪ n'êtes satisfait que si vous êtes épanoui.

Quand vous renoncez à vos limites dans une relation, vous…	*Quand vos limites sont intactes dans une relation, vous…*
■ laissez les promesses ou une amélioration minime de l'autre vous maintenir dans votre impasse.	■ n'êtes encouragé que par un engagement mutuel à changer.
■ avez peu de hobbies parce que vous n'avez pas de marge d'attention pour des activités qui vous soient propres ; tout est dirigé vers l'autre.	■ vous intéressez à des hobbies et des projets qui vous enrichissent, que l'autre vous suive ou non.
■ acceptez de cette personne des choses que vous ne toléreriez chez personne d'autre, et vous acceptez ses alibis ou ses mensonges.	■ avez un critère personnel qui, bien que flexible, s'applique à tout un chacun, et vous ne craignez pas de demander des comptes.
■ êtes manipulé(e) par la flatterie, au point de perdre votre objectivité.	■ appréciez les marques de reconnaissance et savez les distinguer des tentatives de manipulation.
■ continuez à tenter de créer de l'intimité avec un(e) narcissique.	■ n'êtes ouvert qu'à des partenaires avec qui l'amour réciproque est possible.
■ êtes si fortement affecté par un autre que vous en devenez obsédé.	■ êtes affecté de façon modérée par le comportement de votre partenaire, et vous le prenez comme une information.
■ êtes prêt à renoncer à toute limite personnelle pour obtenir du sexe ou sa promesse.	■ intégrez le sexe de façon à pouvoir en jouir, mais jamais au prix de votre intégrité.

Quand vous renoncez à vos limites dans une relation, vous...	*Quand vos limites sont intactes dans une relation, vous...*
▪ voyez votre partenaire comme provoquant votre excitation.	▪ voyez votre partenaire comme stimulant votre excitation.
▪ vous sentez blessé ou victimisé, mais sans oser manifester votre colère.	▪ vous autorisez à ressentir de la colère, à dire « aïe ! » et à entamer dans un programme pour changer votre situation dans un sens positif.
▪ agissez par compliance, compromis et apaisement.	▪ agissez par le biais de l'accord et de la négociation.
▪ faites des faveurs auxquelles vous résistez intérieurement, motivé par l'obligation ou un sentiment de dette (vous êtes incapable de dire non).	▪ ne faites que des faveurs motivées par un choix, et vous n'êtes pas accessible à la culpabilité (vous êtes capable de dire non).
▪ ne pouvez vous débarrasser d'un sentiment de culpabilité, même après des excuses raisonnables ou même sans avoir commis aucune faute.	▪ êtes satisfait et n'avez plus de ressentiment quand on vous a fait des excuses.
▪ négligez votre intuition au profit de vos vœux pieux.	▪ honorez vos intuitions et les distinguez de vos souhaits.
▪ laissez votre partenaire vous maltraiter, ou vos enfants, votre famille ou vos amis.	▪ insistez pour que les limites des autres soient aussi sauvegardées que les vôtres.
▪ vous sentez le plus souvent apeuré et confus.	▪ vous sentez le plus souvent en sécurité avec l'esprit clair.

Quand vous renoncez à vos limites dans une relation, vous...	*Quand vos limites sont intactes dans une relation, vous...*
■ êtes de plus en plus empêtré dans un drame dont la maîtrise vous échappe.	■ êtes toujours conscient de vos choix au lieu de vous sentir pris au piège ou à la merci d'un autre.
■ vivez une vie qui n'est pas la vôtre sans en avoir peut-être bien conscience.	■ vivez une vie qui reflète essentiellement vos besoins, vos valeurs et vos désirs les plus profonds.
■ croyez n'avoir aucun droit à la vie privée ou à une vie qui vous soit propre.	■ protégez et appréciez vos questions privées sans devoir mentir ou vous montrer furtif.
■ ne croyez jamais avoir assez donné.	■ donnez généreusement et raisonnablement, avant de lâcher prise.
■ craignez que votre partenaire vous quitte ou vous punisse si vous le ou la décevez, et vous ne pouvez imaginer ou tolérer la vie sans lui / elle.	■ vous sentez capable de gérer les hauts et les bas et de survivre confortablement si vous restez seul ; vous n'êtes pas accessible au chantage de menaces d'abandon.
■ arrangez les choses de façon à protéger votre partenaire de vos sentiments réels ou de la vérité.	■ exprimez fermement et gentiment à l'autre ce que vous ressentez, pensez et voulez.
■ tolérez les addictions de votre partenaire, même quand elles le poussent à des abus.	■ affrontez le comportement addictif et vous détachez si aucun changement ne survient.
■ abandonnez vos propres critères moraux pour plaire à quelqu'un ou le garder.	■ conservez vos propres principes avec cohérence.

Quand vous renoncez à vos limites dans une relation, vous…	*Quand vos limites sont intactes dans une relation, vous…*
▪ mettez en danger votre santé physique.	▪ protégez votre corps en toutes circonstances.
▪ êtes sous l'emprise de l'aspect, du charme, de la rhétorique, du sexe, de l'histoire commune, ou de la sécurité financière.	▪ appréciez les extras comme des gourmandises, mais sans être jamais contrôlé par eux.
▪ donnez, prêtez ou investissez de l'argent de façon inconsidérée.	▪ gérez les questions d'argent avec sagesse, générosité et objectivité.
▪ perdez votre objectivité, votre intelligence et vos pouvoirs personnels.	▪ conservez la totalité de votre discernement et de votre pouvoir personnel.
Les items ci-dessus définissent LA CO-DÉPENDANCE	Les items ci-dessus définissent LE SELF-PARENTING

L'amour non égoïste

Se réconcilier avec l'amour que peuvent donner les autres signifie cesser de leur adresser des demandes. Nous chérissons l'amour inconditionnellement, sous toutes ses formes et dans toutes ses dimensions. Toutefois, nous ne nous engageons avec quelqu'un que si l'amour qu'il nous offre est adéquat. Nous apprécions d'avoir reçu le meilleur que cette personne avait à offrir. Mais si le meilleur reste insatisfaisant, la seule question est celle-ci : « Que dois-je faire maintenant ? » La plupart d'entre nous demandent plutôt : « Que doit-il/elle faire maintenant pour me satisfaire ? » Face à ce qui *est*, pourquoi finissons-nous avec un *doit* ?

L'amour inconditionnel survient plus aisément dans un contexte de plénitude que de besoin. Cette plénitude intérieure s'écoule spontanément dans les cinq A, qui sont une technologie pour l'ouverture. Quand je suis présent de ces cinq façons inconditionnelles, je suis en train de m'ouvrir. Et quand je me décerne les cinq A, je grandis en estime de soi.

Nos pratiques spirituelles ont un impact direct sur notre capacité à manifester de l'amour de façon adulte dans nos relations : la pleine conscience nous aide à pratiquer l'attention, l'acceptation et l'autorisation. La douceur aimante nous aide à montrer de l'affection et de l'appréciation.

À titre de pratique spirituelle, interrogez-vous sur les signes que votre amour pour quelqu'un est véritablement inconditionnel :

- Vous avez un sentiment de lien avec l'autre qui perdure et ne peut être supplanté quoi qu'il advienne.
- Vous avez régulièrement de bonnes pensées pour l'autre et lui souhaitez le meilleur.
- Vous avez de gentilles attentions sans rien attendre en retour.
- Vous sentez votre cœur s'ouvrir quand vous êtes avec l'autre ou quand vous pensez à elle ou à lui.
- Vous maintenez un engagement à satisfaire davantage l'autre et la relation que les demandes de votre propre moi.
- Vous n'êtes plus poussé ou arrêté par la crainte de la proximité ou de la distance à l'autre.

- Vous ne vous lancez pas dans une compétition agressive entre deux moi, sur un mode actif ou passif.
- Vous êtes sensible aux sentiments de l'autre et veillez à ne pas le blesser intentionnellement.
- Vous avez sans effort une attitude de compassion, de pardon, de générosité et d'absence de vengeance en pensée comme en acte. (Il n'y a pas de force vindicative dans l'univers. La vengeance est un caractère exclusif de l'humanité.)
- Vous veillez à garder vos propres frontières intactes, de sorte que votre amour est toujours inconditionnel, mais votre engagement est intelligemment et adéquatement conditionnel.
- Vous avez conscience des traits négatifs de votre partenaire et vous les regardez avec compassion et amusement sans les laisser empiéter sur vous. Suis-je disposé à jouer sur toutes les cases, noires et blanches, de l'échiquier de ma relation ?
- Enfin, l'amour inconditionnel est entièrement dans le temps présent. Vous ne gardez pas de griefs du passé et vous ne retenez pas son passé contre elle/ lui. Comme le disait Don Murray à Marilyn Monroe dans *Bus Stop* quand elle lui offrait de lui parler de son passé prodigue : « Tu es comme tu es. Que m'importe la façon dont tu l'es devenue ? »

Alors que je dis oui aux données de la relation, puissé-je trouver l'amour et l'abondance en moi-même et dans les autres, et puissé-je toujours rester aimant envers les autres, si déloyaux qu'ils puissent être envers moi.

CHAPITRE VI

Nos refuges contre les données

Nous vivons dans une société qui combat les données bec et ongles. L'insistance sur la jeunesse et la beauté, sur la richesse et le prestige, est source de souffrance pour ceux qui ne rentrent pas dans ce cadre. Cette société dit non aux implacables conditions de la vie et travaille avec acharnement à inventer des produits et des procédures capables de les inverser. Tant qu'il en ira ainsi, nous ne serons pas dans un monde fondé sur la vérité des choses, et nous continuerons à craindre les inévitables vicissitudes de la vie. Le vieillissement en est un exemple. Plus nous vieillissons, plus nous sommes marqués par les relations, moins nous sommes attirants, et plus nous devenons invisibles ou incommodes. Il est donc fondamental d'avoir un cadre de valeurs qui chérisse non pas ce qui est superficiel, mais ce qui représente les valeurs durables de la vertu et de l'intégrité. Alors nous ne perdons rien à vieillir.

La religion comme refuge

La peur ne sera jamais un phénomène séculier. Elle est profondément associée à l'idée qu'il existe des puissances supérieures susceptibles de nous blesser ou de nous aider. C'est pourquoi la religion a tant de choses à dire sur le renoncement à la peur, et aussi pourquoi elle fait tout pour nous effrayer. Nos peurs les plus profondes concernent les conditions de notre existence mortelle. La religion tente de répondre à cet endroit effrayé en nous. La religion chrétienne, par exemple, offre des réponses à plusieurs données. À la donnée de l'impermanence, saint Paul répond : « Quand cette tente terrestre est repliée, un tabernacle nous attend qui n'est pas de facture humaine. » Les choses terrestres sont impermanentes, mais la religion nous promet un foyer céleste qui est éternel. De même, le fait que les choses ne se passent pas toujours selon nos plans est compensé par le dessein divin et par une providence qui nous guide à travers les épreuves.

Face à l'absence de justice, la plupart des religions déclarent qu'il y aura un Jugement dernier qui récompensera les bons et punira les méchants. Au fait universel de la souffrance, Jésus répond : « Prenez votre croix et suivez-moi [...]. Vous aurez votre récompense au ciel. » La souffrance a une valeur rédemptrice et salvatrice dans le christianisme et dans la plupart des traditions religieuses. Confrontés au fait que les gens ne sont pas toujours loyaux ou aimants, nous avons la consolation de savoir que « Dieu est amour ». Les hommes peuvent nous abandonner, mais Dieu ne nous fera jamais défaut. Enfin, nous avons l'assurance qu'aucune des données de la vie ne sera un fardeau plus lourd que nous ne pouvons supporter. Saint Paul affirme en ces termes la promesse du Christ : « Ma grâce est suffisante pour toi. »

Chaque religion affirme que notre monde mortel n'est pas tout ce qui est. Ses données ne sont pas le dernier mot. Les religions reconnaissent l'action de la grâce et nous aident à proclamer le oui inconditionnel. En ce sens, les ressources religieuses sont positives. Elles deviennent négatives quand elles nous servent d'écran ou d'échappatoire pour nous protéger du plein impact des conditions de l'existence. Alors la religion fait tampon et minimise l'importance de cette vie, offrant la promesse d'une abrogation des données dans une vie future. Quand la vie sur terre n'est plus qu'un passage vers la vie réelle au paradis, le refuge de la religion devient une simple issue de secours.

Une conscience religieuse mature offre un moyen compétent d'affronter avec force, et même avec joie, les données de la vie. La religion mature honore cette vie ici et maintenant comme un défi évolutionnaire excitant, comme une chose remplie de sens, et comme le bon endroit et le bon moment pour accomplir notre destin précisément *par le biais* des données. Jésus est alors un modèle du oui inconditionnel, selon la parole de saint Paul : « En lui il n'y avait qu'acquiescement. »

La foi est réelle quand elle salue les termes de la vie sans droit à une exemption et sans garantie qu'ils seront inversés au-delà de la tombe. Le Dieu qui annule les données pour nous est le Dieu du non à la vie qu'il a créée. Ce Dieu ne sait que sauver les victimes et punir les coupables. Le Dieu qui nous rejoint dans les données, comme l'ont fait Jésus et les saints, est le plus haut pouvoir du oui. Ce Dieu est le compagnon des humains.

La vision traditionnelle que Dieu est un *deus ex machina* venant abroger ou adoucir les données n'est pas un espoir adulte. Nous pouvons compter sur la présence divine dans l'interconnectivité, mais non sur son intervention. Le divin nous offre des expériences qui suscitent notre évolution, qui nous conduisent à devenir des gens profonds, compassionnés et sages. C'est ce qui arrive quand nous affrontons les données et leur disons oui. L'« aide divine » ne garantit pas la sécurité par rapport aux données, mais nous offre un soutien quand nous les affrontons, ce qui nous permet d'évoluer. Nos biens peuvent ne pas être intacts, mais notre bonté l'est. C'est là le signe d'une aide informée par la grâce. L'intervention divine ne se résume pas à une main qui changerait tout par un effet magique. Elle signifie que nous pouvons encore aimer quoi qu'il nous arrive.

Une prière mature n'est pas : « Ne m'obligez pas à traverser cela », mais : « Aidez-moi à grandir à travers cela ». La prière comme ouverture aux grâces qui viennent avec chaque donnée peut remplacer les demandes de changer ou de réarranger la façon dont les grâces devraient survenir. La grâce est déjà partout, elle fait déjà tout. Tout ce qu'il nous reste à faire, c'est nous ouvrir à la dimension du don de la vie. La prière est oui et remerciement. Nos tentatives de conserver la maîtrise sont des dénis de la grâce.

Nous, les humains, sommes sur terre en tant que délégués d'une conscience plus haute, et un oui simple et total à la réalité est la façon dont nous remplissons notre mission. Une loyauté à toute épreuve à ce qui est réel nous porte à l'acmé de la conscience humaine. Comme le dit Pierre Teilhard de Chardin : « Nous sommes infatigablement et incessamment en quête de Quelque chose, nous ne savons pas quoi, qui apparaîtra à la fin à ceux qui ont pénétré le cœur même de la réalité. » La voie vers une puissance plus haute que le moi, c'est l'acquiescement à la condition où nous sommes ici et maintenant. Une religion fondée sur notre sauvetage hors de la vie fait taire les données, ce qui les empêche d'avoir un plein impact sur nous. Nous perdons alors notre meilleure chance de grandir.

Les données sont *ce qui est*. C'est ce que l'on appelle traditionnellement la volonté de Dieu – les composants qui nous sont nécessaires pour remplir les objectifs de l'évolution. « Que ta volonté soit faite » est le oui inconditionnel qui fait s'épanouir l'évolution. Le moi peut trouver difficile de dire : « Ce n'est pas ma volonté, mais la tienne qui sera faite. »

Une conscience religieuse mature nous introduit aux mystères des faits sans compromis de la vie. Elle se satisfait de laisser aux données un élément de mystère au lieu de les expliquer ou de les éluder. Si je demande une pomme, vous pouvez me montrer le pommier. Si je demande une chemise, vous pouvez en sortir une pour moi de votre penderie. Si je vous demande de l'amour, où irez-vous le chercher ? Les réalités les plus précieuses de la vie humaine sont hors de notre atteinte, mais déposées dans le mystère de nos cœurs. Les données de la vie sont les mystères les plus durables de l'histoire humaine. Les religions matures ne les dévoilent pas, mais les honorent en les laissant quelque peu inexpliqués. Le mot « mystère » vient d'un mot grec qui signifie aussi « initiation ». Un mystère exige non une quête de solutions, mais une initiation à des ouvertures.

Chacune des conditions de notre existence nous ouvre aux caractères du monde et de nous-mêmes révélant les profondeurs qui transcendent nos pouvoirs cognitifs. Le oui inconditionnel est une réponse nettement plus adéquate que la question *pourquoi*. C'est passer de la question au choix, de la formule à l'acceptation. *Pourquoi* est pour les problèmes qui peuvent être résolus. *Oui* est pour les mystères où nous sommes engagés. *Pourquoi* nous pousse à transformer les données en problèmes, puis à tenter de nous protéger de leur impact. Le oui honore les données comme un roc de réalité sur lequel bâtir la maison de l'évolution. La spiritualité comme la religion peuvent nous aider à affronter notre réalité et à bâtir sur elle comme des adultes.

Une religion non conçue pour des adultes...	*Une religion ou une spiritualité mature...*
■ nous invite fermement à suivre la voix de l'autorité.	■ nous offre une « guidance » en nous laissant la décision.
■ tient à l'uniformité des croyances dont nous héritons ; nous devons nous en tenir au connu.	■ respecte nos réalisations nouvelles et spécifiques ; nous pénétrons ce que nous ignorions jusque-là.
■ offre des dogmes et des codes moraux bien carrés.	■ encourage des croyances en évolution qui jaillissent du dialogue au lieu de le supprimer.
■ est fondée sur la peur : « la perte du ciel et les souffrances de l'enfer », bien qu'elle inclue aussi des consolations.	■ insiste sur la compassion et le sentiment consolant d'une intention aimante dans l'univers.
■ insiste sur l'appartenance à une institution.	■ autorise une présence participante sans exiger d'acquiescement.
■ détient les clés de l'accès à la grâce et les réserve aux sacrements et aux rituels.	■ offre le pouvoir de découvrir, d'inventer et d'étendre les accès à la grâce sans limitation.

Religion et refuge dans la nature

Le huitième jour de sa méditation sous l'arbre bodhi, Siddharta Gautama fut soudain éveillé à la lumière de la conscience et il s'exclama : « Monde merveilleux, toutes les choses partagent la nature illuminée [du bouddha]. » Dogen Zenji rapporte ainsi les mots de Bouddha : « Quand l'étoile du matin est apparue, moi et la vaste terre avec tous ses êtres vivants sommes simultanément devenus des bouddhas. »

Siddharta a saisi que la lumière informe de la conscience est partout, dans chaque forme et chaque donnée. C'est notre perception du moi conditionné et obscurci qui nous empêche de le remarquer. L'illumination de Siddharta fut la reconnaissance que derrière les apparences de la mortalité, tant dans la nature qu'en nous-mêmes, se trouvait quelque chose situé au-delà de la naissance et de la mort. Les mots de Bouddha font écho à ceux de Shakespeare dans *Le Marchand de Venise* : « La douce tranquillité et la nuit deviennent les caresses d'une douce harmonie. [...] Cette harmonie gît dans les âmes immortelles, mais tant que ce haillon boueux de ruine [le moi] la retient prisonnière, nous sommes incapables de l'entendre. »

Le bouddhisme et toutes les religions offrent des refuges réconfortants face aux strictes directives de la vie. Ces réponses sont intimement liées à la nature. Il est significatif que la naissance, l'éveil et la mort de Bouddha soient tous survenus sous des arbres. L'arbre bodhi était-il un simple décor ou participait-il à cet éveil ? Bouddha répond clairement à cette question quand, après avoir reçu l'éveil, il reste assis pendant sept jours face à l'arbre pour lui exprimer sa gratitude de la part qu'il y a prise. La nature est une voie vers la vie illuminée.

Les enseignements du Bouddha sont l'universalité de la souffrance, l'importance du renoncement à l'attachement, le fait de l'impermanence, l'absence de séparation ou d'un soi vivant par et pour lui-même, et la puissance des pratiques de pleine conscience et de douceur aimante. La nature offre ces mêmes leçons :

nous souffrons avec toute la nature. Les arbres abandonnent leurs feuilles, les fleurs leurs pétales, et nous notre jeunesse et notre vie même. Les phases et les saisons nous enseignent l'impermanence. L'écologie nous enseigne l'interconnectivité. Les contraires se combinent au crépuscule et à l'aurore. Même la pratique de la douceur aimante se reflète dans la nature, puisqu'elle dispense généreusement ses dons aux sages comme aux ignorants.

L'enseignement bouddhiste qu'il n'existe pas de moi séparé correspond à la définition de saint Thomas d'Aquin de la spiritualité comme « une parenté avec toutes choses ». C'est là honorer la nature. Le mysticisme de saint François contient cette même compréhension que les choses naturelles nous sont apparentées – « frère soleil, sœur lune ». Et dans la liturgie chrétienne, qui reprend la Bible des Hébreux, on trouve ces mots : « Le ciel *et la terre* sont remplis de Ta gloire ! » (c'est moi qui souligne). Néanmoins, certains points de l'enseignement religieux traditionnel dénigrent la nature :

- Le monde naturel est une résidence pour l'homme pendant le temps où il travaille à son salut. Ce n'est pas un moyen de grâce *par lequel* nous serions sauvés ou éveillés. La nature n'est qu'un moyen pour une fin.
- Seul l'homme est créé à l'image de Dieu.
- Nous les humains avons reçu la domination sur le reste de la nature.
- La nature est conçue sur un mode hiérarchique en ordres et classes d'organismes, avec l'homme à son sommet.

- La nature est conçue pour nous nourrir tant que nous l'utilisons, et elle n'a de valeur que provisoire, puisqu'elle finira dans les flammes.
- Dieu a créé la nature et il est au-dessus d'elle. (Quand Dieu est un homme, comme dans les traditions hébraïque, chrétienne et musulmane, il crée un monde séparé de lui. Quand une mythologie affirme qu'une déesse a créé le monde, ce monde est son propre corps. Par exemple, Nout est la déesse de la mythologie égyptienne qui avale le soleil le soir et lui redonne naissance au matin, puisqu'elle-même est le ciel.)

Pour Jean Scot Érigène, théologien catholique du IXe siècle, « le monde naturel est Dieu vu par lui-même ». Dogen Zenji, au XIIIe, commente ainsi les Sutras du Grand Nirvana : « Tous les êtres sensibles sans exception ont une nature bouddhique. » Ainsi, pour lui, les choses naturelles possèdent une nature bouddhique, la représentent, et en deviennent même des manifestations. Dogen appréciait la puissance d'enseignement de la nature : « Quand vous pratiquez correctement, tous les sons et toutes les formes des rivières, et toutes les formes et tous les sons des montagnes deviennent des vers des sutras. [...] Implorez les arbres et les rochers de prêcher le Dharma. »

Dans la tradition musulmane, le Coran (45, 3-5, 20) dit : « Sachez que dans les cieux et sur la terre il y a des signes pour ceux qui croient. [...] Dans la création et dans toutes les créatures sauvages, dans l'alternance du jour et de la nuit et dans la nourriture que Dieu envoie du ciel pour faire revivre la terre après sa mort, et dans le changement des vents il y a des signes pour ceux qui comprennent. »

Sri Aurobindo a écrit : « Le processus secret de la nature consiste à révéler l'être essentiel à travers la manifestation de ses pouvoirs et de ses formes. [...] Devenir nous-mêmes est notre première tâche ; mais notre soi véritable est celui qui est en nous, notre être divin. [...] C'est en grandissant en nous-mêmes [...] que nous parvenons à la création d'un monde qui sera le véritable environnement de la vie divine. Tel est l'objectif final que la nature nous a posé. [...] Être et être pleinement est l'objectif de la nature en nous. » Ainsi la nature peut être appréciée en tant qu'unité de mortalité et de divinité. Nous pouvons alors jouir de notre planète comme d'un royaume spirituel plus aimé et plus fertile. C'est une nouvelle Jérusalem, la Pure terre de Bouddha, le paradis des saints, un nirvana naturel, un refuge sacré.

L'évolution va dans le sens d'une plus grande complexité, ce qui veut dire plus de signification et plus de conscience. Au cours des siècles, cela devient un sens du personnel, puis un engagement d'amour personnel, par exemple entre une personne et une autre. Cet amour s'élargit alors à tous les êtres. La conscience est ainsi l'origine de la bonté, et l'évolution ne cesse de se mouvoir vers l'amour universel. Cela survient automatiquement quand nous nous éveillons du rêve du « Je suis » à la vision du « Nous sommes ». Il s'agit d'une approche d'équipe, et la nature joue dans notre équipe. L'écologie est la spiritualité qui est la compréhension humaine. Le « nous » est tous les êtres, comme le prêchait Jonathan Edwards en Nouvelle-Angleterre au XVIIIe siècle : « La véritable vertu consiste non dans l'amour d'êtres particuliers, ni dans la gratitude parce qu'ils nous aiment, mais dans une union de nos cœurs à l'être en général. »

Trois refuges

Le judaïsme, l'islam et le christianisme considèrent Dieu comme un refuge. L'enseignement bouddhiste offre trois refuges quand la vie devient difficile, trois refuges d'où nous pouvons affronter les données de la vie avec courage et sagesse. Ce sont le Bouddha, le Dharma et le Sangha. Il ne s'agit pas de forces extérieures qui nous protègent des souffrances de la vie ; ce sont plutôt des incarnations de trois énergies d'éveil en nous. « Bouddha » ne se réfère pas à la personne qui vivait en Inde voici vingt-cinq siècles ; c'est l'esprit éveillé de toute personne vivant aujourd'hui. Le bouddhisme enseigne que nous avons tous une nature bouddhique – telle est notre essence, que nous en ayons conscience ou non. Le Dharma se réfère aux enseignements et aux pratiques du Bouddha qui conduisent à l'éveil. Le Sangha est la communauté des pratiquants sur la voie de l'éveil.

Les trois refuges du bouddhisme sont ouverts à des gens de tous horizons. Tout le monde peut regarder le Bouddha comme un rappel et une inspiration : comme lui, nous pouvons nous éveiller à notre véritable nature ; nous pouvons finalement comprendre que nous avons souffert d'une illusion : en réalité, nous ne sommes pas séparés les uns des autres. Le refuge du Dharma est celui de la pratique spirituelle engagée empruntant la voie de la douceur aimante. Et dans le refuge du Sangha, ou communauté, nous partageons notre intention de nous éveiller avec d'autres et de renforcer notre interconnectivité avec eux sur la voie de la sagesse et de la compassion.

Le monde naturel reflète ces trois refuges. L'esprit de Bouddha est manifeste dans tout ce qui existe dans la nature. La nature est une vaste écologie d'interdépendances qui nous fait comprendre que rien n'existe seul.

Le Dharma est l'ordre de la réalité, qui est visible dans la nature. Et quand nous passons du temps dans la nature, nous comprenons peu à peu que la famille entière des choses vivantes est notre véritable Sangha.

Selon la tradition bouddhiste, nous sommes tous déjà des bouddhas, nous les humains et chaque chose dans la nature. La plupart d'entre nous ne savent simplement pas encore qui ils sont réellement. Mais la nature semble le savoir. Dans le monde naturel, la réalité se présente sans cesse et est impitoyablement combattue. « La nature pratique le bouddhisme », dit le maître japonais Dogen Zenji. La nature est toujours présente à ce qui est ; la nature ne cesse de dire oui.

Le concept bouddhiste de Dharma peut aussi être compris comme la loi intérieure des choses, ces lois par lesquelles elles se réalisent et remplissent leur rôle dans l'évolution. L'attitude du oui inconditionnel aux changements inévitables de la vie nous permet de nous épanouir et de grandir. Pour moi, l'essence de la pratique spirituelle est de cultiver un oui inconditionnel. Les données de la vie deviennent des portes vers l'illumination quand nous devenons un oui en pensée, en mots ou en actes.

Le refuge du Sangha est donc le groupe avec lequel nous partageons une pratique spirituelle. Mais le Sangha peut aussi être notre famille, un groupe de soutien, ou les gens avec qui nous partageons des objectifs ou des croyances qui nous tiennent à cœur. Ils nous inspirent un sentiment croissant de camaraderie à mesure que nous cheminons ensemble. Nous avons confiance dans leur soutien et nous leur offrons le nôtre. *Pouvons-nous apprendre à apprendre ?* Nous nous engageons à partager nos expériences vitales avec nos compagnons du Sangha, annonçant par là que nous ne sommes pas des êtres séparés, mais des êtres interconnectés et interactifs.

Les trois refuges que nous trouvons dans le bouddhisme sont trois étincelles qui nous illuminent, trois grâces encourageantes qui font de nous des porteurs de lumière, trois poussées pour nous aider à sauter. C'est pourquoi on les appelle les trois joyaux – trois inestimables trésors sur la voie spirituelle. Voici une aspiration à la poésie (avec une pointe d'humour) :

Puisse le ptérodactyle de l'indépassable Dharma
Bondir sur mon moi champion de l'esquive
Et l'emporter mis à nu
Dans l'aire de l'inéluctable illumination.

Une distraction ou une ressource ?

Certains refuges nous aident ; d'autres peuvent nous blesser. Certains ne sont pas appropriés ; certains sont juste « bons pour le week-end ». Une frénésie d'achats, une soirée arrosée ne sont pas synonymes de perdition. Ce n'est que lorsqu'ils prennent la forme d'une addiction qu'ils deviennent dangereux. Je suis convaincu de l'importance d'une pratique spirituelle pour guérir d'une addiction. Mais les voies efficaces vers la guérison sont multiples : des êtres aussi complexes que nous ont besoin de toute l'aide qu'ils peuvent obtenir. J'ai trouvé pour ma part que les programmes en douze étapes offraient une voie fiable vers la guérison, surtout quand ils sont soutenus par la thérapie et les pratiques spirituelles.

Certains refuges sont des distractions et d'autres sont des ressources. La spiritualité adulte consiste notamment à avoir la sagesse de connaître la différence. Les drogues offrent une distraction ; une randonnée dans la nature offre une ressource. Les refuges positifs pleins de ressources sont les relations, les amitiés, l'art, la nature, la musique, la créativité, un métier, la distraction, la méditation, et une variété de voies non douloureuses qui nous permettent de satisfaire nos besoins et nos désirs les plus profonds.

Pour beaucoup d'entre nous, les refuges sereins et pleins de ressources du bouddhisme – le Bouddha, le Dharma et le Sangha – n'ont pas une chance contre les refuges qui offrent une excitation riche en adrénaline ou une visite aux rives du Léthé, le mythique fleuve de l'oubli. De fait, nous allons parfois jusqu'à dire : « Eh bien, je peux toujours me suicider pour résoudre mes problèmes. Je me laisse cette porte de sortie. » Tant qu'il nous reste cette option, nous n'avons pas de motivation à mobiliser notre créativité pour affronter les dilemmes parfois déprimants de la vie. Une relation à Bouddha, ou au Christ, ou à la nature, nous aide à renoncer à ce refuge destructeur. Shakespeare affirme ce type de saine reddition dans *Le Roi Lear* : « Vous, dieux cléments, prenez mon souffle ; ne laissez pas le pire en moi me tenter à nouveau de mourir avant de vous plaire. »

Ce n'est pas une coïncidence si le Psaume 23 se récite aux funérailles plutôt qu'aux mariages. Peut-être quelqu'un a-t-il remarqué que « les verts pâturages » et « les eaux tranquilles » n'étaient pas si attrayants pour les vivants. Choisir les refuges offerts sur la voie spirituelle signifie renoncer aux états altérés et aux échappatoires en faveur de la vie telle qu'elle est. Se reposer dans cette réalité nous procure un calme que beaucoup d'entre nous trouveraient extrêmement ennuyeux. « Je doute parfois qu'une vie calme et tranquille m'aurait convenu – et pourtant j'y aspire parfois », écrivait Byron. La plupart d'entre nous se comportent ainsi, même s'ils prétendent n'aspirer qu'à la sérénité.

Le repos du sabbat peut survenir à tout moment où nous ne sommes pas poussés ou arrêtés par la peur ou le désir. Nous préférons souvent le drame, les orages de peur et de désir, l'incertitude et la confusion qui accompagnent les relations et les choix compliqués. Cette inclination n'est pas entièrement négative. Le stress et la fureur, à petites doses, peuvent être créatifs et même nous catapulter dans de nouveaux possibles. Ils peuvent faire travailler notre imagination et nous inciter à avancer avec enthousiasme vers de nouveaux horizons. Nous sommes appelés à passer un certain temps à la foire et un certain temps dans les calmes pâturages. Il se peut aussi qu'en fonçant tête baissée dans ce que nous avions refoulé jusque-là, nous aspirions à l'intégrer. Il arrive parfois que nous devenions fous pour devenir sages.

La pensée magique

Face aux données de la vie, nous pouvons trouver refuge dans les pensées superstitieuses ou les rituels magiques que nous avons inventés pour nous protéger de ce qui nous apparaît comme un monde effrayant, imprévisible et punitif. Nous pratiquons alors la pensée magique, qui utilise nos désirs ou nos peurs pour expliquer ce qui arrive ou ce qui peut arriver. Elle s'appuie sur notre sens primitif collectif du danger et sur les illusions qui en résultent. Nous prenons un lien redouté ou désiré pour un lien réel. Voici quelques exemples de pensée magique :

- La réalité va devenir ou demeurer l'image mentale que j'ai d'elle.
- Des forces dangereuses vont faire irruption si je ne respecte pas des règles ou des rituels très précis.

- Quelque chose en moi a toujours été mauvais et je ne sais pas comment y remédier – bien que tous les autres le sachent.
- Je suis coupable depuis toujours et je n'ai pas encore été pleinement puni.
- Nous avons ce que nous méritons.
- Ma dette est éternelle. Je dois toujours quelque chose à Dieu ou je dois continuer à payer pour quelque chose que j'ai fait et qui reste impossible à réparer.
- S'il n'y avait pas eu cette chose qui m'est arrivée, ou si une chose particulière arrivait, tout serait parfait à présent.
- La satisfaction des besoins est rare, aussi je dois travailler dur et me dire que j'ai de la chance de trouver un peu de satisfaction.
- Je dois saisir cette opportunité immédiatement ou la perdre. Il n'y a pas de temps pour un instant de réflexion.
- Si les gens me connaissaient tel que je suis réellement, ils ne voudraient pas de moi.
- « C'est toujours un prêté pour un rendu. » C'est là le souhait du moi vengeur et frustré, pas une certitude karmique.
- Si je ne conserve pas la maîtrise, tout va s'écrouler autour de moi.
- Le domaine spirituel n'existe pas puisqu'il n'est pas confirmé par des méthodes scientifiques, et qu'on ne peut donc pas le contrôler. (Le scepticisme est souvent une question de maîtrise.)

- Si j'aborde ouvertement un problème, il deviendra encore plus grave et plus dangereux. Si je n'en fais jamais mention, il disparaîtra.
- Le bonheur ne durera pas si j'en jouis trop. La pleine exubérance est dangereuse.
- La prospérité sera suivie d'une catastrophe – et vice versa.
- Il y a un avenir vague dans l'histoire où il n'y aura plus ni violence ni mal, et où le côté sombre de l'humanité n'existera plus.

L'allié de la pensée magique est le souhait magique. Par exemple, j'attends que tout soit meilleur dans l'avenir, bien que je ne fasse rien en ce sens. Je crois que l'économie va s'arranger très vite. De telles illusions sont fondées sur le souhait magique, pas sur la réalité. Une fois que nous sommes adultes, rien ne nous satisfait que la vérité ou la réalité, si terne ou peu attrayante qu'elle soit. Un oui aux faits de la vie signifie une attitude de « je la prends telle qu'elle est ».

Les refuges clandestins

Quand les données de notre existence nous effraient, nous cherchons refuge dans nos abris les plus enfantins. Ce peuvent être les certitudes absolues de la religion ou le nid douillet de l'addiction. Ce peut être tout ce qui garantit la distraction et la consolation. Dans une situation fondée sur la peur, nous perdons la trace de nos besoins et de nos souhaits authentiques. « Authentique » vient d'un mot grec signifiant « qui fait par lui-même », de même que le mot latin qui a donné « auteur », de sorte qu'être authentique, c'est être l'auteur de nos besoins et de nos souhaits. Ils n'imitent pas ceux des autres, et ils ne nous sont pas imposés par d'autres. Nous parlons de notre propre autorité.

Pour beaucoup d'entre nous, quelles que soient nos croyances affichées, nos refuges réels ne sont pas Dieu, ni la nature, ni le Bouddha, ni le Dharma ou le Sangha. Nos refuges face au stress, au conflit, au trouble intérieur, sont plutôt l'alcool, la nourriture, le sexe, les drogues, le jeu, le shopping et ainsi de suite. Ou encore, nous trouvons refuge dans notre intellect. Nous pouvons procéder de deux façons : nier ce qui s'est passé, ou l'impact de ce qui s'est passé, ou trouver le moyen d'excuser ce qui s'est passé, ce qui nous évite de ressentir quoi que ce soit. C'est là un déni du oui inconditionnel à toutes les situations douloureuses qui peuvent surgir dans la vie. Ou bien, nous pouvons appliquer notre énergie à penser ces événements à l'aide de nos pouvoirs analytiques. Cela aussi peut être fondé sur la crainte du réel impact de nos sentiments. Peut-être n'avons-nous pas encore confiance en l'expérience de la pleine conscience, avec son attention saine et prudente à la réalité, sans les distractions et les consolations qu'invente l'intellect.

Les gens se rapprochent de nous quand nous montrons notre vulnérabilité. Ce peut être pourquoi nous dissimulons nos sentiments. Dans ma propre vie, je constate que je dissimule souvent les sentiments qui me rendraient plus attirant. J'évite de laisser voir aux autres combien je me sens parfois perdu, effrayé ou en demande. Je dissimule le fait que l'une des données – *la souffrance fait partie de la vie* – puisse s'appliquer à un « costaud » comme moi. C'est le contraire d'aller vers une pratique spirituelle, vers les membres d'un sangha ou d'une communauté religieuse ou sociale, vers un thérapeute ou un ami, pour montrer mes sentiments et trouver de l'aide pour débrouiller mes problèmes, ou du moins quelqu'un pour être témoin de ma douleur. Se réfugier dans les apparences construites par mon esprit dominé par le moi est le contraire d'aller vers ma propre force intérieure ou vers mon esprit illuminé, mon Soi supérieur, ou mon propre Bouddha ou Christ, qui m'enjoindrait à la pleine conscience, à l'attention directe à la réalité, sans me laisser aller aux machinations intellectuelles taillées sur mesure pour l'éviter.

Je constate aussi que j'ai tendance à me jeter sur la nourriture quand j'affronte une réalité douloureuse. Je mange trop, ou je grignote, ou je cherche une nourriture consolante. Je me console en mangeant au lieu de m'ouvrir aux refuges qu'offre la pratique spirituelle. Ou encore, quand quelque chose me déprime, je vais cesser de manger ou manger trop peu. Mon appétit est entraîné après toutes ces années à refléter mes humeurs. Il n'est pas entraîné à aller directement vers les trois joyaux du bouddhisme ou vers les valeurs offertes par la religion. Dans mon enfance, manger était un refuge et un rituel. La nourriture ne servait pas à me nourrir ; c'était une réponse. Si je disais à ma grand-mère que je me sentais morose, elle disait : « Prends un peu d'aubergine au parmesan et tu te sentiras mieux. » Je n'accuse pas mon passé ni ma famille, je remarque simplement comment mes origines m'ont orienté vers des refuges que je crois encore fiables – bien à tort.

Dans l'enfance, la religion était également un refuge. La beauté des rituels catholiques, avec tous leurs délices sensuels, était extrêmement séduisante. L'odeur de la cire et de l'encens, les couleurs des chasubles et des images, les chants et les hymnes, le toucher et le goût des sacrements sont autant de signes tangibles que l'église offrait un sanctuaire pour m'abriter du monde en tant que donnée. Je pouvais m'y rendre chaque fois que je me sentais frustré, triste ou effrayé. D'ailleurs, l'un des noms de la vierge Marie est le Refuge des pécheurs.

J'apprécie les richesses de mon passé religieux et j'espère développer encore ma conscience religieuse. Notre travail ne consiste pas à le rejeter entièrement, mais à trouver et à s'appuyer sur ce qui est bon en lui.

La sécurité dans aucun refuge

> « Ce n'est que lorsque toutes les béquilles et tous les accessoires sont brisés [...] et qu'il n'y a aucun espoir de sécurité, qu'il devient possible de connaître [...] l'archétype du sens. »
>
> Carl Gustav JUNG

Les cinq données sont effrayantes pour la plupart d'entre nous. Nous sommes menacés par la pensée de perdre ce que nous chérissons. Nous craignons que nos plans ne s'effondrent. Nous sommes menacés par l'injustice et la souffrance qui arrivent dans la vie. Nous redoutons la façon dont les gens peuvent nous blesser.

Nous espérons un refuge ou une garantie de sécurité face aux conditions de l'existence. Les refuges peuvent être orientés vers le oui ou vers le non. Ils sont négatifs quand ils offrent une échappatoire, et positifs quand ils nous ouvrent à la réalité telle qu'elle est en nous équipant pour l'affronter. Les trois refuges dans le bouddhisme sont les ressources qui recommandent une pleine présence à la réalité, ni ornée ni défendue par nos élaborations mentales. Le refuge qu'offre la pleine conscience est celui de l'absence de sécurité dans une échappatoire quelconque. Pas d'échappatoire pour le moi signifie la victoire pour notre nature bouddhique, notre véritable identité.

Dans les derniers mois de sa vie, le Bouddha dit à ses disciples : « Trouvez refuge en vous-mêmes et en rien d'autre. En vous est le Bouddha, le Dharma et le Sangha. Ne cherchez pas des choses qui sont hors de votre portée. Tout gît dans votre propre cœur. »

Lorsque nous cherchons refuge dans une pratique spirituelle adulte, nous visons avant tout à pénétrer notre expérience, quelque forme qu'elle ait prise. Nous nous autorisons à la ressentir en entier, à être en elle telle qu'elle est, sans essayer de la changer, de la fixer ou d'y mettre fin. Nous la laissons se manifester à son propre rythme. Nous la laissons nous élever ou nous abaisser. C'est précisément ce que recommande la psychologie actuelle : trouver une solution en entrant pleinement dans notre expérience, si douloureuse soit-elle. Entrer dans la peur et en sortir de l'autre côté, telle est la voie que les gens conscients finissent souvent par emprunter.

Nous ne pouvons pas trouver refuge dans le fait de nous sentir bien, car cette sensation ne saurait être durable. Ce qui est durable et nous soutient durablement est un oui à ce qui est, « en prenant le bon avec le mauvais ». Cela ne peut survenir que lorsque nous ne sommes pas attachés à la façon dont les choses devraient être. Aucun concept n'a de poids, sauf ceux qui reflètent la réalité avec précision. C'est peut-être ce qu'entend le maître de méditation tibétain Chögyam Trungpa quand il dit : « Le bien, le mal, l'heureux et le triste s'évanouissent comme la trace d'un oiseau dans le ciel. »

Enfin, ce n'est pas une voie à sens unique. Bouddha et le Christ trouvent aussi refuge en nous, puisqu'ils ont besoin de nous pour devenir vivants dans notre monde. La lumière de la sagesse et de la compassion n'apparaît que quand les individus agissent avec compassion et sagesse. C'est le mystère de l'Incarnation : des pouvoirs spirituels éternels agissent dans le monde temporel par le biais des individus. L'Être nous atteint dans des êtres – et nous sommes ces êtres. Le refuge est ainsi directement lié à la plus haute des possibilités humaines : avoir en nous le même cœur qui est en Jésus ou Bouddha, devenir dans notre vie ce qu'ils ont été dans la leur. Comme le dit Dogen : « Cette naissance et cette mort [le cycle du samsara] sont une voie fort adéquate vers l'esprit de Bouddha. » Je suis la manifestation personnelle de Dieu et de Bouddha.

Je remarque que je continue à rendre visite à mes vieux refuges favoris. Mais ma nouvelle pratique consiste à m'arrêter, même un court instant, pour considérer attentivement ce que je suis en train de faire. Je suis désormais plus en mesure de délaisser mes refuges habituels et d'en demander de nouveaux qui soient plus fiables. Nous pouvons ne pas être toujours honnêtement capables de déclarer un engagement aux trois refuges du bouddhisme ou aux refuges de notre tradition religieuse, mais nous pouvons toujours y aspirer.

La sagesse en nous

Carl Gustav Jung a proposé le concept d'un trésor de la psyché collective, où les individus au cours des âges déposent leurs expériences individuelles et leur sagesse personnelle. Chaque réalisation pertinente de chaque être humain vient s'ajouter à un grenier collectif de plus en plus riche où nous pouvons tous puiser, parfait exemple d'interconnectivité. Ce même concept d'un trésor de mérites ou de grâces se retrouve dans la théologie catholique, associé à la doctrine de la communion des saints et de l'interconnectivité de tous les êtres, vivants ou morts. Dans cette conscience universelle, il n'y a pas de dualisme du passé et du présent, puisque toutes les richesses de la sagesse sont disponibles à tout moment. Chaque grâce qui nous vient en tant qu'individus est issue d'un héritage collectif. Telle est la dimension positive du karma. Nous aidons tous le travail de l'autre par le karma. Nous sommes des refuges les uns pour les autres.

La source et la moisson de la sagesse religieuse sont stockées dans le silo de nos propres âmes. Quand les sages et les saints partagent leurs aperçus avec nous, ils expriment une sagesse universelle qui est toujours déjà en nous. Quand nous sommes troublés par les écritures ou les sutras, nous entendons le grondement de notre intelligence immémoriale. L'agitation vient de l'intérieur. Comme le dit Jung, « les discours des Saintes Écritures sont aussi des affirmations de l'âme ».

Nous sommes un corps mystique d'humanité. Chaque nouvelle révélation et intuition déclenche un code qui n'a pas encore été essayé en chacun de nous. Quand nous sommes assez nombreux à accueillir la sagesse avec un oui inconditionnel, une vaste perspective s'ouvre pour le collectif. Cette transformation interdépendante survient sur un mode bien plus vaste que ne le permettent la seule méditation ou les seules affirmations personnelles. Plus il y aura de gens pour entrer dans la conscience personnelle, plus vite le reste du monde nous emboîtera le pas. Plus largement répandu est le oui inconditionnel, plus grande l'avancée évolutionnaire. En ce sens, nous sommes chacun des médiateurs individuels de la grâce dans le monde, et beaucoup de choses dépendent de notre oui.

Notre vie alors est un don, une grâce que nous avons reçue d'autres ancestraux, comme notre propre corps. Notre réponse naturelle à ce qui est donné est pure gratitude. Cette gratitude est un oui à notre connectivité. C'est aussi la voie pour offrir tout ce que nous faisons au bénéfice de nos frères humains. La gratitude est le pont entre la pratique de la douceur aimante et l'adoption du mode de vie inconditionnellement aimant des saints et des bodhisattvas.

> Je trouve refuge dans l'amour inconditionnel, dans la sagesse éternelle et dans le pouvoir guérisseur ici dans mon cœur et dans le cœur des autres, qui ne font qu'un avec le cœur de l'univers.

DEUXIÈME PARTIE

Un oui inconditionnel à notre existence conditionnée

« J'ai découvert dans les écrits de ces grands mystiques du Moyen Âge, pour qui la reddition consentie avait été la voie de la réalisation de soi [...] qu'ils avaient trouvé la force de dire Oui à chaque demande à laquelle les besoins de leurs voisins les avaient confrontés, et de dire Oui aussi à chaque destin que la vie avait en réserve pour eux. [...] Ils avaient trouvé une acceptation sans réserve de la vie, quelque charge de labeur, de souffrance ou de bonheur qu'elle ait pu leur apporter. »

Dag HAMMARSKJÖLD,
Jalons

CHAPITRE VII

Comment devenir un oui

Le mot « oui » résume la spiritualité et la santé. Un oui inconditionnel à ce qui est nous libère de la souffrance auto-infligée qui résulte de notre peur d'affronter les données de la vie. Le oui est né de la confiance et guérit la peur, parce que nous reconnaissons que tout ce qui nous arrive fait partie de notre histoire et nous sert sur notre voie. Dire oui aux conditions de l'existence, c'est avancer dans la vie au lieu de rester empêtré dans la dispute et dans les tentatives de maîtriser tout ce qui advient.

Quand les choses changent et finissent, nous découvrons une confiance dans les cycles de la vie comme des étapes vers la croissance évolutionnaire. Ce oui soulage nos souffrances en nous libérant de nos attachements excessifs. Quand les choses ne se déroulent pas selon nos plans, nous élargissons notre potentiel de confiance pour l'appliquer à une puissance située au-delà de notre moi. Les futiles et féroces tentatives de notre moi pour que tout se déroule selon son bon vouloir laissent place à une capacité à laisser les cartes retomber où elles peuvent. Le oui nous libère de la souffrance causée par la compulsion à tout maîtriser.

Quand les choses ne sont pas justes, nous invoquons notre potentiel à agir avec justesse quoi qu'il advienne. Cela revient à se fier à une puissance qui dépasse notre moi, lequel exige la vengeance et réclame l'équité avec pétulance. Un oui à cette troisième donnée nous libère de la souffrance qui survient quand nous sommes captifs du désir de damer le pion aux autres, ou de nos rancœurs. Quand la douleur entre dans notre vie, nous activons notre potentiel à l'affronter sans nous plaindre, et nous gagnons de la compassion pour la souffrance des autres. Un oui à cette quatrième donnée nous libère de la souffrance issue d'une protestation inutile. Quand les gens ne sont pas loyaux ou aimants envers nous, nous activons notre potentiel d'amour inconditionnel. Un oui nous libère de la souffrance causée par notre besoin de blesser ou de rejeter ceux qui nous ont déçus.

La peur est un non à ce qui est. Redouter les données, c'est avoir peur de la vie, puisque les données sont ses composantes. Par des attitudes d'évitement et d'attirance, la peur nous empêche d'expérimenter pleinement la vie et de vivre dans le moment présent. Nous évitons ce qui nous déplaît tout en nous cramponnant à ce qui nous donne une sensation de bien-être. La tradition bouddhiste nous encourage à prendre la voie du milieu. Le tableau ci-après montre le travail qui nous installe dans cette « voie royale ».

Chaque condition de l'existence nous équipe ainsi d'une compétence pratique. Puisque c'est une donnée que les gens nous quittent, cela devient une donnée que nous serons seuls, et il est donc sage de s'y préparer en nous sentant à l'aise dans notre solitude dès maintenant. Puisque c'est une donnée que les choses ne vont pas toujours selon nos plans, c'est une donnée que nous serons déçus, et il est sage de nous sentir à l'aise avec moins d'attentes. Puisque c'est une donnée que les choses ne sont pas toujours justes, c'est une donnée que nous nous sentirons parfois trahis, et il est sage de nous sentir à l'aise avec les pertes douloureuses, la quête de la justice, et le rejet de la pulsion de vengeance. Puisque c'est une donnée que la douleur fait partie de la vie, c'est une donnée que nous ferons de notre mieux pour la supporter et grandir grâce à elle. Puisque c'est une donnée que les gens ne sont pas toujours loyaux et aimants, il est sage d'abandonner la censure et de nous engager dans la douceur aimante, de quelque manière que les autres puissent nous traiter.

Le oui aux données de la vie combine donc l'absence de défense et la possession de ressources. Le oui signifie que nous sommes ouverts aux événements qui nous arrivent, sans défense face à eux. En même temps, nous ne sommes pas désemparés face à ce qui nous arrive, mais au contraire pleins de ressources. Nous faisons tout notre possible pour gérer les données. Alors nous laissons les cartes retomber où elles peuvent, avant de les reprendre une par une pour recommencer nos paris.

Il y a une vitalité en nous, une étincelle – un feu de joie en fait – qu'aucune tragédie ne peut éteindre. Quelque chose en nous, une pulsion vers la complétude, une passion pour l'évolution, nous fait continuer, recommencer, ne pas renoncer, ne pas céder. Accepter ce que nous ne pouvons pas changer ne veut pas dire que nous revenons en arrière, mais au contraire que nous continuons. L'ouverture et la ressource créative surgissent simultanément chaque fois que nous sommes confrontés à l'une des données. Certains écrivent leurs meilleurs poèmes quand ils souffrent.

La pratique d'un oui inconditionnel est au cœur de l'ancienne tradition spirituelle du taoïsme. *Wu wei* est un terme taoïste qui signifie « aller avec le flux des choses telles qu'elles sont ». Cela réduit la friction et le

La donnée	*Notre peur face à elle*	*Comment nous masquons notre peur*	*Le oui le plus adéquat*
Les choses changent et finissent.	Nous pouvons perdre ce que nous avons.	Être moins engagé ou devenir stoïque.	Faire son deuil et lâcher prise.
Les choses ne se passent pas toujours selon nos plans.	Nos attentes ne seront pas satisfaites.	Prévoir chaque détail et essayer de garder la maîtrise.	Accepter ce qui arrive et apprendre à partir de là.
Les choses ne sont pas toujours justes.	Nous risquons de ne pas recevoir la part qui nous revient.	Veiller à une scrupuleuse égalité et blâmer les injustes.	Avoir une attitude de « on gagne parfois ; on perd parfois » tout en œuvrant pour la justice.
La douleur fait partie de la vie.	Nous ne serons pas capables de la gérer.	Tenter de rester sur nos gardes pour éviter la douleur.	Autoriser la douleur naturelle et ne pas ajouter à celle-ci en cherchant à la contrôler.
Les gens ne sont pas toujours aimants et loyaux.	Nous nous sentirons blessés et devrons porter le deuil.	Nous garder de la proximité à l'avenir.	S'exprimer et dire « Aïe ! » sans chercher la vengeance.

stress qui surgissent quand nous résistons à la réalité telle qu'elle veut survenir. Pour moi, les enseignements et les pratiques du taoïsme sont une technologie permettant de cultiver un oui inconditionnel aux données de la vie.

Le professeur de taoïsme Han Hung a écrit : « Le plus grand risque, c'est de croire que ces conditions sont tout ce qu'il vous faut pour être vous-même. » C'est là une profonde compréhension de la connexion entre notre oui inconditionnel et notre confiance que les conditions de l'existence sont précisément ce dont nous avons besoin pour notre croissance personnelle et notre satisfaction. Les données de la vie nous montrent qui nous sommes réellement et nous aident à réaliser le meilleur en nous :

- Ce n'est que dans les changements et les fins que nous éprouvons notre capacité à lâcher prise.
- Ce n'est que dans l'échec de nos projets que nous découvrons l'existence pour nous d'un plan plus vaste, qui veille à notre intérêt, nous rend confiants dans la bonté de l'univers et découvre notre potentiel spirituel.
- Ce n'est que lorsque les choses ne sont pas justes que nous trouvons notre côté obscur, qui cherche la vengeance, ou notre côté aimable, qui cherche la réparation et lâche prise si ce n'est pas possible.
- Ce n'est que lorsque nous souffrons que nous trouvons notre courage et notre profondeur et que nous apprenons la compassion pour la souffrance des autres.
- Ce n'est que lorsque les autres sont déloyaux et non aimants que nous découvrons si nous sommes réellement capables d'amour inconditionnel.

La douceur aimante

Un oui inconditionnel est une victoire spirituelle. Il existe des pratiques spirituelles qui nous aident à l'atteindre, en nous aidant à vivre avec nos données au lieu de vivre contre elles.

Une pratique utile consiste à voir tous les événements de notre vie et toutes les conditions que nous rencontrons comme des dharmas, des portes vers l'illumination, des leçons d'humanité, des voies vers la vertu. Chaque donnée offre un défi spirituel. Quand les choses changent ou finissent, nous pouvons prendre le deuil et lâcher prise plutôt que montrer le poing au ciel. Quand les choses ne vont pas comme nous le voulons, nous pouvons nous ouvrir à de nouvelles possibilités, certaines issues de la destinée, et d'autres du karma. Quand les choses se révèlent injustes, nous pouvons travailler à la justice sans nous venger des autres, mais en visant à leur transformation. Quand la souffrance vient à notre rencontre, nous pouvons la connaître sans protestation ni blâme, ni demande d'en être exempté. Quand les autres ne sont pas aimants ni loyaux, nous pouvons pratiquer la douceur aimante. Face à toute donnée, nous disons un oui conscient, c'est-à-dire sans les tournures d'esprit du moi.

Notre pratique de la pleine conscience culmine dans la douceur aimante, dont je parle si souvent dans ce livre. C'est une vertu que nous aimons donner et recevoir. Nous pouvons à présent regarder la douceur aimante comme une pratique bouddhiste spécifique qui nous permet de montrer notre hospitalité à l'humanité. Cette pratique est fondée sur un texte bouddhiste appelé le Metta Sutta. *Metta* est un terme pali utilisé dans le bouddhisme théravada qui signifie l'amour, l'énergie au sein de l'univers qui le fait se mouvoir, embrassant toute chose et inconditionnel. La douceur aimante est le oui inconditionnel le plus vaste, parce que c'est un amour qui inclut l'univers entier.

L'enseignement du Metta implique l'amour inconditionnel comme un remède à la peur des autres et une façon d'honorer leur différence par rapport à nous. Le Metta est une amitié inconditionnelle envers nous-même et les autres, avec une volonté d'autoriser l'expression de tous nos sentiments et toutes nos expériences sans interprétation, blâme ou censure. La pratique de la douceur aimante présuppose que nous sommes tous interconnectés et nous aide à rendre ce fait conscient et réel sur le moment.

Dans la vision bouddhiste, quatre domaines infinis de la conscience guident notre vie spirituelle. Ces quatre potentiels spirituels en nous – les données de notre nature – sont l'amour, la compassion, la joie dans l'empathie et l'équanimité. Puisqu'elles existent en nous quelles que soient les circonstances, c'est-à-dire inconditionnellement, on les appelle les « quatre incommensurables » ou les « quatre refuges divins ».

L'amour implique une intention et une volonté inconditionnelles que tous les êtres soient heureux. La compassion signifie être touché par la souffrance des autres, et vouloir qu'ils soient libérés de cette souffrance. La joie dans l'empathie souhaite le meilleur à tous et se réjouit du succès des autres. L'équanimité est la sérénité et l'ancrage solide en toutes circonstances, sans plus être arrêté ni contraint par la peur ou le désir, la mémoire ou l'anticipation. L'équanimité ne veut pas dire qu'il n'y aura pas de bouleversements dans notre vie, mais que nous développons notre capacité à traverser les difficultés sans en être dévastés ni en rester amers. En d'autres termes, nous pouvons être reliés à eux plutôt qu'être possédés par eux. Nous sentons encore l'impact des bouleversements, mais nous revenons toujours au centre et à la base. Comme le dit T. S. Eliot dans son poème « Mercredi des Cendres » :

> Enseigne-nous le souci et l'absence de souci,
> Apprends-nous à rester immobile
> Même parmi ces rochers

La pratique de la douceur aimante active et cultive ces quatre vertus incommensurables dans notre vie. Elle éveille notre plein potentiel de bonté humaine parce qu'elle nous aide à aimer davantage, ce qui est notre vertu suprême. « Incommensurable » ne veut pas dire vaste, mais impartial, qui ne vise pas une cible unique. La douceur aimante est ressentie aussi profondément pour tous les êtres, aimés ou détestés, connus et inconnus, proches et lointains. Elle est notre façon de répondre par un oui aux données de la vie telles que les autres les subissent. C'est donc aussi une façon de nous aimer nous-mêmes, puisque nous devenons plus aimables quand nous aimons les autres.

La pratique de la douceur aimante signifie élargir consciemment notre objectif spirituel, afin que notre cœur inclue avec une force égale ceux que nous aimons, ceux qui nous sont indifférents, ceux avec qui nous avons des difficultés, et tous les êtres où qu'ils soient. Ainsi l'affirmation : « J'écoute la nature et je suis ouvert à son pouvoir de guérison dans ma vie » n'est que le premier niveau d'une pratique spirituellement mature. Nous enrichissons cette pratique quand nous faisons suivre une affirmation personnelle de l'aspiration qu'elle s'applique à tous les êtres : « Puissent ceux que j'aime écouter la nature et être ouverts à son pouvoir de guérison dans leur vie [...]. Puissent ceux avec qui j'ai des difficultés écouter la nature et être ouverts à son pouvoir de guérison dans leur vie [...]. Puissent tous les humains écouter la nature et être ouverts à son pouvoir de guérison dans leur vie. » De fait, en suivant cette voie, nous pouvons choisir de ne plus avoir de pratiques spirituelles purement personnelles ; toutes peuvent être modelées pour inclure tout le monde. En nous relevant du coussin de méditation, nous pouvons dire : « Par le pouvoir de toutes mes pratiques, puissent tous les êtres trouver la voie de la compassion et de la sagesse. »

Voici quelques instructions fondées sur la pratique bouddhiste de la douceur aimante :

Respirez normalement, en concentrant votre attention sur chaque respiration. Laissez aller vos pensées et faites de la place aux pouvoirs qui s'apprêtent à vous traverser. Imaginez-vous comme un être de compassion, puis d'amour, puis de joie, puis d'équanimité. On appelle ces qualités les « quatre incommensurables », parce qu'elles sont les forces abondantes qui guident notre nature bouddhique.

Affirmez à voix haute ou basse votre aspiration que les gens donnent et reçoivent ces quatre dons. Vous irradiez ainsi des dons qui ne viennent pas de vous, mais à travers vous du cœur de Bouddha, du Christ, de l'univers. Demandez le don de compassion pour ceux qui vous aiment, pour ceux que vous aimez, pour vos bienfaiteurs, pour vos amis, pour vos connaissances. Ensuite, incluez les gens que vous connaissez peu mais que vous croisez dans la vie quotidienne, comme des commerçants ou des employés. Ensuite, irradiez la compassion aux gens qui ne vous aiment pas, à ceux que vous n'aimez pas, aux gens difficiles, aux gens hostiles, et aux ennemis personnels et politiques. Enfin, irradiez la compassion au monde entier – au nord, au sud, à l'est et à l'ouest. À présent répétez votre image mentale du cercle qui va en s'agrandissant tandis que vous irradiez l'amour, la joie, puis l'équanimité.

Voici des exemples de prières : « Puissent ceux que j'aime donner et recevoir de la compassion aujourd'hui » ;

« Puissent ceux avec qui j'ai des difficultés donner et recevoir de la joie aujourd'hui ». Ou, dans un autre style : « Puissent tous mes ennemis avoir de la joie ici et maintenant. Puissent toutes mes connaissances avoir de l'équanimité. Puissent-ils être libres de souffrance et des causes de souffrance. »

Soyez attentif à toute résistance que vous ressentez. Ne cherchez pas à l'éliminer. Travaillez simplement à construire une intention d'aimer plus puissante, et la résistance s'illuminera. Vous exprimez votre vraie nature, ce qui risque de menacer votre moi avec ses préférences et ses exclusions bornées. Cette pratique est un oui à la compassion, à l'amour, à la joie embrassant l'infini, et à l'équanimité que votre moi sain aspire à éprouver.

La pratique de la douceur aimante peut s'appliquer aux gens qui nous ont blessé ou critiqué dans le passé et dont les voix ont encore un impact négatif sur notre confiance en nous. « Puisse-t-il être illuminé pour pouvoir aider les autres au lieu de les blesser. » Cela rend une personne blessante plus douce dans notre esprit. Quand nous disons au contraire : « Puisse-t-il être blessé comme il m'a blessé », nous faisons de cette personne un geôlier qui continue à nous tenir prisonnier.

La douceur aimante peut aussi s'appliquer aux activités de notre esprit. Par exemple, les souvenirs qui surgissent soudain en nous peuvent être ressentis comme des fleurs ou des flèches. Certains sont heureux, d'autres douloureux ou porteurs de regrets. Chaque fois qu'un souvenir surgit, nous pouvons y attacher une pratique de douceur aimante. Par exemple, vous vous rappelez soudain une époque où votre mère n'a pas été là pour vous. Ajoutez une pratique de douceur aimante en disant : « Puisse ma mère et toutes les mères apprendre à être là pour leurs enfants. » Vous vous rappelez comment votre mère vous consolait quand vous étiez triste. « Puissé-je consoler ma mère quand elle en a besoin. Puissent tous les enfants consoler leur mère. Puissions-nous tous trouver une consolation dans la mère nature. »

La pratique du *tonglen*

Le *tonglen* est une pratique de méditation bouddhiste. *Tong* signifie « envoyer hors », et *len* signifie « amener à l'intérieur ». Nous pouvons aussi penser cette pratique de méditation comme un lâcher prise et un laisser-entrer. Le *tonglen* est enraciné dans la pleine conscience et la douceur aimante, et il vise à nous libérer de l'égocentrisme.

Cette pratique se déroule en trois phases. La première est une quiétude éclairée : pendant un moment, asseyez-vous calmement et mettez-vous en phase avec votre sérénité intérieure. La seconde phase du *tonglen* consiste à pratiquer l'entrée et la sortie. À chaque inspiration, nous nous imaginons en train d'inspirer des qualités obscures comme la douleur, l'étouffement et la chaleur. Puis, en expirant, nous faisons sortir la lumière, l'ouverture, la fraîcheur calme. Nous sentons consciemment ces qualités entrer et sortir de tout notre corps. Poursuivez cet exercice pendant quelques minutes.

La troisième phase consiste à continuer à absorber et restituer, en déplaçant notre attention sur toute douleur émotionnelle que nous pouvons éprouver sur le moment. Inspirez les qualités de cette douleur, et expirez la paix, l'ouverture, le calme, etc. Au bout d'un certain temps, vous pourrez suivre le même mouvement concentrique que dans la pratique de la douceur aimante. Commencez par vous-même, puis étendez votre pratique à un ami ou un être que vous aimez. Pensez à un ami qui souffre, inspirez cette souffrance et expirez de la paix. Pendant que vous inspirez et expirez ainsi, vous agissez comme un filtre, inspirant ce qui est douloureux, le transformant en vous, et expirant l'ouverture et la lumière.

Cette pratique de méditation est un véritable défi. Une fois que vous l'aurez pratiquée pendant un certain temps, vous pourrez étendre votre pratique au-delà de vous-même et de vos proches à vos connaissances, vos ennemis, et finalement au monde entier. Par exemple, si nous entamons notre pratique à partir d'un sentiment désespéré et effrayé, nous pouvons inspirer le désespoir et la peur, pour expirer ensuite l'amour et le courage. C'est ainsi que nous pouvons commencer à sentir sur un mode interconnecté.

Cette pratique tout entière est un paradoxe, parce qu'il semble dangereux de faire entrer ce qui est indésirable. Mais en agissant comme des bodhisattvas et des saints d'aujourd'hui, nous nous assurons l'accès aux abondantes réserves de lumière et de guérison de notre nature bouddhique. Nous sommes certains que nous pouvons laisser entrer la douleur sans être blessés par elle, et expirer la bonté et guérir par elle.

C'est là une pratique audacieuse, qui nous lie aux autres de façon durable. C'est une forme de compassion issue du cœur. La pratique du *tonglen* est directement liée aux données de la vie :

- Nous inspirons l'expérience du chagrin et de la perte qui vient avec le changement et les fins ressentis par les autres, et nous expirons la libération et la résolution de ces sentiments.
- Nous inspirons la déception des autres face à des projets qui ont échoué et nous expirons notre

confiance que les choses se régleront par le progrès spirituel.

- Nous inspirons l'injustice qu'affrontent les autres, et nous expirons le courage d'affronter l'injustice et d'agir de façon juste envers les autres tout en nous gardant de la vengeance.
- Nous inspirons la souffrance physique et psychologique et expirons la guérison et la sérénité.
- Nous inspirons toute la douleur que ressentent tous les humains quand les autres sont déloyaux ou non aimants, et nous expirons l'amour et la loyauté.

Un exemple de combinaison de notre pratique de douceur aimante et du *tonglen* consiste à prendre conscience d'un sentiment de communauté avec d'autres dans le monde – « la communion des saints » – qui ressentent ou ont ressenti comme nous. Quelque douleur ou stress que nous affrontions, d'autres l'ont affronté aussi. Nous pouvons ajouter cela à notre travail personnel sur nous-même : « En éprouvant ce sentiment, je rejoins tous ceux qui affrontent la même douleur ou le même conflit. Je demande leur aide et je partage mes grâces avec eux. » « Je rejoins d'autres gens déprimés partout en ce moment. Je demande que nous nous libérions les uns les autres du malheur. » Ainsi, nous pouvons en même temps effectuer un dépôt et un retrait sur la réserve de grâces que nous partageons tous.

Ces pratiques peuvent nous libérer d'un excès d'égocentrisme et nous ouvrir à la grâce. Nous ne sommes pas en train de *réussir* quelque chose. Nous nous ouvrons et devenons des fenêtres qui laissent passer la lumière de la conscience illuminée. Celle-ci s'écoule à travers nous tandis que nous inspirons les souffrances du monde et expirons une réponse guérissante. Nous ne sommes pas les guérisseurs, seulement les médiateurs de la guérison. La grâce signifie un accès à un pouvoir au-delà du moi. La grâce est plus efficace quand nous effectuons nos pratiques, mais elle n'est pas causée par elles, seulement apprivoisée par elles.

La douceur aimante et la pratique du *tonglen* laissent perplexe et choquent le moi, avec son penchant pour la vengeance en réponse aux coups que les autres nous infligent. Quand nous choisissons de pratiquer la douceur aimante et le *tonglen*, nous secouons les fondements du moi et provoquons des fissures dans sa coquille. À travers ces fissures point la lumière de la sagesse et de la compassion. Elle réchauffe et illumine la voie du moi, et le moi s'adoucit. Il est ravi de trouver une si merveilleuse alternative à ses sports favoris que sont la peur, l'attachement, la maîtrise et l'assurance de son bon droit. Les pratiques de la douceur aimante et du *tonglen* nous aident à trouver la grâce non seulement pour transcender le moi, mais pour lui garantir la paix.

Il n'y a pas de dehors

J'ai souvent préféré dans ce livre la position du « et… et » à celle du « soit… soit ». C'est une façon d'évoquer une merveilleuse possibilité : la combinaison des contraires apparents. Notre moi aime diviser pour régner, mais notre conscience spirituelle prospère sur la disparition du dualisme. « Et… et » est un paradoxe, le moyen pour l'esprit d'exprimer la nature non duelle de la réalité. Les métaphores peuvent servir le même objectif.

Dans les perspectives religieuses dualistes, nous prions un Dieu situé dans un paradis au-dessus de nous. Dans la conscience religieuse mature, nous comprenons qu'il n'y a pas de dualité, pas de différence entre le dehors et le dedans. C'est là un point fondamental dans les éléments mystiques de toutes les religions du monde. Les mystiques font l'expérience de la sagesse spirituelle au lieu de la recevoir des mains de médiateurs. Les mystiques tranchent droit à travers les explications littérales de la réalité pour atteindre sa compréhension métaphorique. Un exemple de non-dualité dans la théologie chrétienne est la doctrine de la communion des saints. Elle désigne le lien continu entre les saints qui ont terminé leur voyage terrestre, et nous qui sommes encore en son milieu. Dieu et les saints sont ici en nous et nous invoquons leur aide : c'est ainsi que se réalise l'interconnectivité « sur la terre comme au ciel ». Même après notre dernier soupir, nous continuons à montrer de la compassion et à partager la sagesse. Il n'y a donc pas de division entre la vie et la mort. La communion des saints montre que notre destin évolutionnaire ne finit pas avec la mort. C'est une autre façon de dire que la mort n'est pas la fin du cycle de la vie, mais n'en est qu'une partie.

L'un des grands « saints » de la tradition bouddhiste est Avalokiteshvara, le bodhisattva de la compassion. Comme tous les dieux et les saints, Avalokiteshvara n'est pas un être suprême au-dessus ou au-delà de nous, mais il est plutôt une qualité *en* nous. Quand nous agissons avec compassion, ou quand nous montrons de l'amour, nous sommes en accord avec notre potentiel inné à trouver l'éveil à tout moment. La sagesse et la compassion engagée sont à la fois des pratiques et des fruits de la pratique.

Un bodhisattva est un être illuminé qui a fait vœu d'emmener tous les êtres avec elle ou lui dans l'illumination. La pratique de la douceur aimante est une façon de vivre l'engagement d'un bodhisattva. Si cette pratique ne suffit pas à guérir complètement les gens, nous pouvons du moins générer une sorte de vigilance spirituelle dans l'univers des bodhisattvas qui œuvrent au bénéfice ultime de chacun de nous. Dans la conception bouddhiste, il y a de nombreux bodhisattvas à l'œuvre dans et pour notre monde – comme les saints chrétiens, juifs et musulmans. Par le biais de pratiques spirituelles comme la douceur aimante et le *tonglen*, nous nous joignons au travail des bodhisattvas en faveur de tous les êtres. Quand nous pensons notre pratique spirituelle en ces termes, nous délogeons notre sentiment de limitation et notre impatience face à notre inaptitude à aider les autres. De fait, en nous relevant du coussin de méditation, nous pouvons dire : « Je remercie tous les bouddhas et les bodhisattvas qui m'ont rejoint dans cette méditation. »

La nature pratique le oui

Le oui est ouverture. La nature s'ouvre à tout un chacun sans discrimination. Cette générosité universelle nous touche quand nous nous éveillons à la douceur aimante. De même, la nature ne se venge pas. L'homme qui souille la plage peut néanmoins attraper un poisson le même jour.

L'origine de la pratique de la douceur aimante dans la tradition bouddhiste a un lien direct avec la nature. Selon la légende, Bouddha envoya de jeunes moines dans la forêt pour y installer un centre de pratique. Ils revinrent bientôt en courant parce qu'ils avaient peur des esprits de la forêt qui les avaient effrayés et combattus. Bouddha leur dit de retourner s'asseoir au milieu des esprits obscurs et de leur montrer de la douceur aimante. Il enseigna aux moines la pratique du Metta, qui consiste à montrer de l'amour à ceux que nous haïssons ou redoutons en leur souhaitant de trouver les quatre incommensurables – l'amour, la compassion, la joie dans l'empathie et l'équanimité. Les moines obéirent, et les esprits furent si touchés par la pratique de la douceur aimante qu'ils devinrent pour eux des alliés et des guides. La pratique de la douceur aimante est précisément la façon dont la peur se transforme en amour. Quand nous craignons quelqu'un, nous entourons cette personne d'amour et notre peur devient de l'amour. Comme l'a dit saint Jean de la Croix : « Où il n'y a pas d'amour, mettez de l'amour et vous trouverez de l'amour. »

La nature est une grande ressource dans le oui vivant : le modèle du oui et le don du oui. Regarder une fleur et l'honorer comme un guide, et pas seulement comme une belle chose, nous lie à la nature d'une façon créative. C'est dans cette élévation de notre conscience que se déploie la subtile guidance de la nature. Une fleur devient un symbole de la jeune vie en nous qui ne peut que grandir en s'enracinant fermement dans la terre, en accueillant les saisons et en traversant ses phases sans se plaindre. Dès lors une rose n'est plus une simple rose, mais un accompagnement vers la renaissance.

Le poète japonais zen Ryokan écrit : « Si votre cœur est pur, alors toutes les choses dans le monde seront pures [...] et la lune et les fleurs vous guideront sur votre voie. » Dans cette métaphore, la nature est comparée à un guide. Cela implique que nous ne sommes pas seuls à tenter d'être les meilleurs humains possibles. La nature peut apparaître comme une énergie qui nous guide et nous soutient sans relâche dans la quête de cet objectif. Alors nous pouvons être heureux de devenir un refuge loin de la terre désolée du moi.

L'absence de moi signifie donc introduire l'immensité de la terre et du ciel dans le sens de ce que nous sommes. Nous éprouvons un sentiment de conjonction à l'univers, renonçant à la vision limitée de nous-mêmes comme des êtres séparés. L'absence de moi signifie avoir l'esprit du débutant. Il en résulte que plus nous renonçons au moi, plus nous pouvons nous appuyer sur la nature comme une source infinie de grâces. Ces grâces sont dans les merveilles que nous voyons : les fleurs, les montagnes, la lune, les autres humains. Ce sont les équivalents des anges gardiens, ou bodhisattvas, ces êtres de lumière qui nous guident pour trouver la lumière en nous-mêmes et dans l'univers.

Les paroles de Ryokan sont une autre métaphore qui contient la promesse de devenir un guide pour les autres quand nos intentions sont pures, c'est-à-dire que nous voulons le meilleur pour eux. Nous sommes toujours en quête d'enjeux plus élevés dans la conscience spirituelle. Les métaphores peuvent aussi être collectives. Nous, et toutes les choses dans la nature, portons une histoire personnelle et l'histoire du monde en nous-mêmes. Une métaphore sur le fait d'être un guide pour des individus peut donc nous parler aussi de notre objectif évolutionnaire d'offrir une guidance pour un épanouissement planétaire. Nous n'avons pas besoin d'être les maîtres du monde pour déclencher cela. Il nous suffit de dire oui à ce qu'est notre vie présente.

« Aujourd'hui, le monde que nous voyons au-dehors et le monde que nous voyons au-dedans convergent », a dit le physicien Ilya Prigogine. Regarder à l'intérieur ne veut pas dire s'opposer au fait d'être dehors dans la nature. Il est clair désormais qu'une spiritualité *engagée* exige de prendre dans le monde un rôle politiquement actif, tout en maintenant une certaine distance vis-à-vis du quotidien sur un mode contemplatif. Cette contemplation peut se pratiquer dans la nature. Nous pouvons aller vers l'eau ou les bois pendant un moment et y trouver la fraîcheur spirituelle que décrit le Psaume 23 : « De verts pâturages [...] des eaux calmes [...] restaurent mon âme. » Comme le dit Dogen Zenji : « L'illusion survient quand nous voyons tout ce qui est du point de vue du soi. L'illumination survient quand nous nous voyons du point de vue des choses dans la nature. »

Voici quelques façons de s'allier à la nature dans un oui inconditionnel :

- Imposez-vous de temps à autre de regarder le soleil se lever et se coucher, ainsi que la lune. Choisissez un endroit pour contempler chaque phase de celle-ci. Regardez le ciel nocturne et devenez sensible à ses subtils mouvements. Dans l'Antiquité, on croyait que les corps célestes émettaient des sons en se déplaçant. C'est ce que l'on a appelé la musique des sphères. Écoutez cette musique et murmurez avec elle.

- Les rêves donnent des réponses aux questions que nous n'avons pas encore appris à poser. Allez camper plus souvent et dormez à la belle étoile, pour que les constellations au-dessus de vous irradient leur lumière dans vos rêves.

- Vous rêvez parfois d'un animal. Il est utile, en se réveillant, de suivre celui-ci en imagination. Les animaux apparaissent souvent dans les rêves pour nous montrer une voie au-delà du moi. Ainsi, Alice suit le lapin blanc, et Dorothy suit son chien Toto. Un nouveau monde s'ouvre à elles quand elles laissent l'animal les guider.

- Les poèmes surgissent souvent de mystérieuses données de la vie. Nourrissez votre âme en lisant et en écrivant de la poésie, en écoutant de la musique, en regardant des tableaux, en dessinant et en sculptant, ou en pratiquant toute forme d'art qui nourrisse votre âme. Faites-le en plein air chaque fois que possible. Basho, le poète japonais, a écrit : « Peu importe ce que nous pouvons faire à un moment donné, cela pèse sur notre moi éternel qui est la poésie. »

- Ouvrez-vous à la compréhension que la nature ne cesse de communiquer avec vous. Regardez les choses naturelles et prêtez l'oreille aux messages qui s'adressent à votre condition immédiate ou aux problèmes auxquels vous êtes confronté. Quand une créature ou une fleur apparaît de façon soudaine et surprenante, ou dans un lieu inhabituel, cette visite peut être un message qui s'adresse à votre condition de vie immédiate. Certains Indiens d'Amérique parlent ainsi d'« animaux ou de fleurs-médecine ».

> « Les bibles et les religions sont à nos yeux divines [...]
> Elles ont jailli de nous, et peuvent en jaillir encore.
> Ce ne sont pas elles qui donnent la vie, c'est vous
> [qui donnez la vie,
> Les feuilles ne sont pas plus tombées de l'arbre,
> [ou les arbres de la terre,
> Qu'elles ne sont tombées de vous. »
>
> Walt Whitman, *Feuilles d'herbe*

Puissé-je pratiquer la douceur aimante dans toutes mes relations, et puissent ceux qui agissent avec haine être à ce point libérés de la peur que l'amour devienne tout ce qu'ils connaissent ou démontrent.

CHAPITRE VIII

Oui aux sentiments

« Dire ce que nous sentons, pas ce que nous devrions dire. »

William SHAKESPEARE, *Le Roi Lear*

Le mot « sentiment » vient d'une racine indo-européenne signifiant « toucher ». Le terme scientifique « perturbation » désigne la capacité des choses naturelles à connaître le changement et le mouvement. C'est ce qui donne l'évolution et le flux de la vie. Sentir, c'est activer notre capacité à être touché, ému et changé par les événements, la nature et les gens – par les données de notre existence.

Nous pouvons être bousculés et écrasés par les pressions de la vie, ou devenir au contraire des témoins justes et vigilants de celles-ci, et choisir alors ce qu'il convient de faire. Être témoin de nos sentiments et de nos réactions aux circonstances signifie ne pas s'y laisser enfermer, ne pas les prendre de façon trop personnelle ou trop sérieuse, ne pas être possédé ni dévasté par elles, ne pas être interdit ou mené par elles. Notre objectif spirituel

Quand les événements ont un impact, quelqu'un…	*Quand les événements sont un empiètement, quelqu'un…*
▪ ressent les sentiments de façon sécure, tout en restant enraciné et centré.	▪ est submergé par les sentiments, en est déstabilisé et dévasté.
▪ traverse l'expérience consciemment tout en cherchant un soutien sain.	▪ a recours à des drogues ou une addiction quelconque pour échapper à la réalité ou l'éviter.
▪ remarque que son sommeil et son appétit sont modérément affectés.	▪ remarque que son sommeil et son appétit sont gravement affectés.
▪ aborde, traite et résout le problème.	▪ reste bloqué dans des pensées obsessionnelles sans issue et continue à ressentir le contre-coup des événements.
▪ se sent affecté, mais à un niveau approprié à la situation.	▪ est déprimé ou désespéré*.
▪ conserve sa santé physique.	▪ abîme sa santé physique.

* Le désespoir est une donnée, sans être nécessairement une némésis, de la vie de tout être humain. C'est un renoncement à nous-même, aux autres et à la grâce : nous pensons, à tort ou à raison, ne pas avoir d'environnement de *holding*, visible ou invisible, qui nous soutienne. Nous éprouvons une irréparable déconnexion. Nous remarquons que nos efforts ou notre colère n'ont pas d'effet sur les événements ou sur les autres. Nous éprouvons une complète impuissance, une totale absence d'efficacité. Nous renonçons à nous-mêmes parce que ce que nous avons tenté n'a pas marché. Peut-être notre obsession de garder la maîtrise est-elle une façon touchante et souvent futile de conjurer l'assaut du désespoir.

n'est pas de réprimer nos émotions ou d'y céder, mais de les autoriser si pleinement qu'elles nous traversent et touchent la terre comme le fait l'éclair, ou même retournent à la terre, comme nous le ferons un jour.

Quand nous vivons la vie dans un oui inconditionnel, nous développons de l'équanimité. Mais l'équanimité ne doit pas être comprise comme de l'imperturbabilité. L'équanimité est la vertu de revenir aux fondamentaux, de se restabiliser, après avoir éprouvé la perturbation suscitée par nos sentiments. Les gens sains sur le plan psychologique et spirituel sont touchés par ce qui leur arrive et ce qui arrive aux autres. Ils éprouvent l'impact des événements. Ils ressentent profondément et ils le montrent. Ils ne restent pas imperturbables ou stoïques devant ce que font les autres ou ce qui leur arrive. Ils sont perméables. Autrement, comment la lumière pourrait-elle les traverser ?

Le caractère, la profondeur et la compassion s'épanouissent en nous *parce que* nous pouvons être touchés par ce qui nous arrive. Mais les événements ne doivent pas être un empiètement dangereux sur notre vie.

Nos dons issus de la nature

Les sentiments sont des réactions corporelles, des technologies saines intégrées en nous pour gérer les chocs de la vie. Nos sentiments sont les dispositifs sains que la nature nous a donnés pour nous pousser à résoudre les problèmes, trouver de nouvelles solutions et inventer des alternatives qui nous aident. En d'autres termes, la nature nous a rendus sensibles pour que nous puissions évoluer.

Le progrès personnel ne veut pas dire devenir une marionnette de bois, mais un vrai petit garçon. Les yeux de Pinocchio peuvent se mouiller ; ses veines peuvent se gonfler ; ses lèvres peuvent sourire. Il n'est pas un évadé de la vie mais un nouveau venu en elle. Nous sommes attristés par la perte, en colère contre l'injustice, effrayés par le danger et exubérants dans la bonne fortune.

Confronté à une donnée quelconque de la vie, je peux demander : « Comment cela peut-il me faire grandir ? » Mais je le fais en accord avec des sentiments adaptés à la circonstance. Par exemple, si j'ai subi une perte, je pleure et j'éprouve de la tristesse avant de me demander comment je peux grandir grâce à elle. Affronter une donnée en me demandant aussitôt comment elle peut accroître mon expérience ou m'aider à grandir, c'est sauter les étapes. C'est une forme de non à une pleine expérience.

Le oui ressemble plutôt à cela : « Comment puis-je traverser cela les yeux grands ouverts ? Comment puis-je l'affronter avec tous mes sentiments ? Alors je serai dans la meilleure position pour grandir à partir de ces événements. » Tel est le oui avec lequel nous sommes nés. Il n'est pas conditionné par des platitudes hors d'âge ou des analyses mentales. Un oui aux sentiments est la phase nécessaire avant d'entrer dans les explications philosophiques, les consolations théologiques ou les maximes encourageantes. C'est là que se situent notre ancrage dans la terre, notre passion naturelle et notre santé mentale. Dans les traditions strictement ascétiques, les pratiques spirituelles servent à contrôler et émousser nos réactions naturelles. Cette approche est dangereuse non seulement pour notre santé mais pour notre humanité. Nous évoluons en étant plus humains, pas en l'étant moins.

Chacune des données de la vie fait appel à des sentiments. Le chagrin est la réponse appropriée à la perte : c'est la forme que prend le oui face à elle. Il nous autorise à ressentir tout le poids de notre tristesse devant une fin, de notre colère devant la perte, et de notre peur de ne jamais pouvoir la remplacer. Tout sentiment que nous exprimons pleinement peut se connecter à d'autres sentiments. Ainsi, notre tristesse peut nous conduire à la colère, notre colère à la peur, et notre peur enfin à la joie de la libération. Le paradoxe optimiste, c'est qu'embrasser pleinement les sentiments nous conduit à lâcher prise : quand nous tenons doucement notre peur avec hospitalité, nous cessons de nous accrocher à elle.

Par exemple, votre mari s'en va avec votre meilleure amie. Au bout d'un moment, vous parvenez à la colère que vous inspire leur trahison. Puis, plus tard, vous remarquez qu'une peur primitive se lève en vous. Vous avez peur de n'être jamais délivrée de ce chagrin obsédant. Vous avez peur de ne plus jamais retrouver un autre partenaire ou de pouvoir lui faire confiance. Vous travaillez sur vous-même en thérapie ; vous écartez toute idée de vengeance et pratiquez la douceur aimante ; vous prenez ce livre à cœur. Peu à peu, vous êtes moins obsédée, moins triste, moins en colère, moins effrayée. Vous êtes fière de la façon dont vous avez traversé tout cela, et un sens joyeux de libération et une nouvelle vie s'ouvrent à vous. Un soir, seule et contente, vous souriez en vous rappelant une phrase d'*Omoo*, ce livre d'Herman Melville que vous aviez lu au lycée et auquel vous n'aviez plus jamais repensé : « À midi, l'île avait disparu à l'horizon ; et il ne restait plus devant nous que le vaste Pacifique. » Vous vous demandez comment cette phrase a été sauvée dans votre mémoire jusqu'à ce que vous en ayez besoin, et vous comprenez que toutes les données de votre vie récente ont été des grâces.

Beaucoup d'entre nous vivent des années durant dans leur tête ou leur moi bien protégé qui sont nos abris de fortune. Nous nous comportons ainsi parce que nous redoutons nos propres sentiments et l'intimité qu'ils suscitent quand les autres les perçoivent et les partagent. Les sentiments sont la voie rapide vers l'intimité.

Ils nous révèlent non plus tendus contre l'impact et abruptement soucieux de maîtrise, mais vulnérables et adoucis. Nous devenons désarmants et attirants. Évitons-nous les sentiments parce que nous redoutons la proximité qui peut en résulter ?

Nous savons parfois que nous ressentons quelque chose, mais cela ne nous dit pas son nom. Quand nous abandonnons nos refuges de l'abstraction et de l'intellectualisation, nous accueillons même nos sentiments innommables par un oui inconditionnel. Voilà ce que nous faisons quand nous les laissons suivre leur cours en nous sans les interrompre. Notre corps sait le faire, puisque les sentiments sont physiques. Un corps sain devient en fait une force adjuvante qui nous rend plus facile de porter et d'exprimer nos sentiments avec efficacité et en toute sécurité. Un corps dépendant de la drogue ne peut pas traverser le processus de deuil, par exemple ; pas plus qu'un corps épuisé, mal nourri, ou qui s'efforce de paraître fort.

Comment les sentiments deviennent une sécurité

Nous n'exprimerons nos sentiments que si nous nous sentons assez en sécurité pour le faire. C'est là un mécanisme de protection sain. Notre travail consiste à les rendre sécures en évitant les relations et les lieux où la sécurité est impossible. Les quatre sentiments majeurs sont la Tristesse, la Colère, la Peur et l'Exubérance. Ce sont les émotions fondamentales qui sous-tendent l'essentiel de ce que nous pensons, disons et faisons.

Les sentiments peuvent être considérés comme des technologies intégrées pour affronter les événements de la vie. Chaque donnée évoque un ou plusieurs de ces sentiments fondamentaux, et ressentir quelque chose face à une donnée est notre façon de dire oui. Les changements et les fins font de la tristesse un élément de la vie. Les changements et les fins sont traités et acceptés par l'expérience de la tristesse. En d'autres termes, la tristesse nous aide à lâcher prise et à continuer, comme tous les sentiments. Nous sommes tristes parce qu'il existe une donnée de changement et de fin.

Le fait que les choses ne se déroulent pas toujours selon nos plans peut susciter de la colère et de la peur, parce que nous comprenons que des événements menaçants peuvent nous arriver. L'imprévisibilité de la vie est gérée et travaillée par nos sentiments de colère et de peur. C'est ainsi que nous avançons au lieu de rester fixés sur le « traitement injuste » que l'univers nous a réservé.

Le fait que les choses ne sont pas toujours justes rend certes la colère appropriée ; la colère est le déplaisir vis-à-vis de l'injustice. La colère conduit à l'action en faveur de la justice, qui nous aide à avancer avec courage. Le fait que la souffrance fait partie de la vie évoque le deuil et la quête de guérison. Sans la souffrance, nous pourrions ne jamais plonger profondément dans nos sentiments et nos pouvoirs intérieurs d'autorégénération. Enfin, la donnée que les gens ne sont pas toujours loyaux évoque le chagrin, la croissance et le pardon. Ce qui est donné est toujours finalement un don.

La vie inclut aussi le plaisir et la satisfaction. C'est là encore une donnée majeure, mais qui risque moins de nous causer des problèmes. L'exubérance qui jaillit est la façon du corps de dire oui à la joie de la vie.

Nous sommes nés avec un plein potentiel pour connaître et exprimer tous nos sentiments. Mais pour qu'il soit activé et prêt à l'emploi, les sentiments doivent être sécures dès le début de la vie. Cela survient quand nos sentiments sont reflétés en miroir par nos parents dans la petite enfance, et quand d'autres les reflètent à leur tour au cours de la vie. Ce *mirroring* signifie qu'un sentiment est accueilli avec les cinq A : attention, acceptation, appréciation, affection et autorisation. Ce sont les composants du soin et de la compréhension. Dans notre prime enfance, l'effet miroir a installé en nous de façon sécure un module pour chacun des quatre sentiments majeurs, afin que nous puissions ensuite activer chacun d'eux sur un mode sain et pleinement incarné. Si le module d'un sentiment n'a pas été correctement installé dans l'enfance, il ne fonctionne pas, ou fonctionne mal plus tard dans notre corps-âme-esprit.

Le *mirroring* dans l'enfance et dans l'intimité adulte permet de se sentir assez en sécurité pour pleurer dans la tristesse, élever la voix dans la colère, trembler dans la peur ou rire dans la joie. En d'autres termes, nos sentiments sont légitimés, honorés et accueillis. Ils ne suscitent ni le mépris, ni la honte, ni la menace. Ils ne sont pas inhibés, jugés, ridiculisés ou punis. On ne nous dit pas ce que nous devrions ressentir, ou que nous n'éprouvons pas ce que nous savons fort bien être en train d'éprouver.

Les sentiments reflétés dans l'enfance sont plus faciles à exprimer à notre partenaire, et il lui est plus facile de les accepter. L'effet-miroir nous équipe pour l'intimité, pour l'art de donner et recevoir des sentiments.

Dans la vie adulte, comme dans l'enfance, nous éprouvons le besoin de recevoir de ceux que nous aimons. Nous avons parfois envie d'être tenus ou reflétés par les autres. Ce besoin peut devenir du manque quand nous demandons plus que les autres ne peuvent donner. Si je veux être tenu et que mon partenaire n'est pas disponible à ce moment, je peux faire deux choses : d'abord, c'est à moi d'accepter la réalité : « Je ne peux pas obtenir ce que je veux tout de suite. » Ensuite, je reste sur mon quant-à-moi, c'est-à-dire que je reste où je suis en éprouvant simplement le besoin sans tenter de le satisfaire ni d'y échapper. Je ne dénigre pas mon partenaire, je ne bois pas un verre, je n'allume pas la télé. Je m'autorise à ressentir ce que je ressens sans même tenter de le comprendre. Un tournant merveilleux et paradoxal peut alors survenir : *mon désir de rester avec mes propres sentiments devient l'équivalent d'être tenu avec amour. Un oui inconditionnel à la réalité élargit mes possibilités de trouver une satisfaction.*

L'amour libère

La plupart des gens pensent l'amour comme un sentiment, mais l'amour n'est pas tant un sentiment qu'une façon d'être présent. L'amour est un contexte pour les cinq A et un engagement à les montrer. L'amour est une donnée intérieure de bonne volonté. Saint Thomas d'Aquin le définit ainsi : « vouloir que de bonnes choses se produisent ». L'amour est l'essence de notre soi véritable et profond. Cet état inné s'exprime et devient réel sur des modes spécifiques et à des moments spécifiques. L'essence n'est réelle que dans les moments où elle est satisfaite existentiellement. Comme le dit le poète W. H. Auden : « Ne me dis pas que tu m'aimes pour la vie. Dis-moi que tu m'aimeras jeudi après-midi à quatre heures ! » Quand nos sentiments sont nés de façon sécure dans l'enfance et surgissent à présent dans le contexte d'amour que créent les cinq A, nous trouvons facile de les exprimer, et nous le faisons sans embarras ni inhibition. Nous montrons notre tristesse par des larmes, du chagrin et une humeur déprimée. Nous montrons notre colère de façon non violente mais néanmoins avec force. Nous montrons notre exubérance avec abandon.

En outre, nous n'utilisons aucun de nos sentiments comme des leurres, des charmes, des manœuvres ou des stratégies pour manipuler les autres. « Faire donner les grandes eaux » n'est pas dans le répertoire d'une personne qui se respecte ; ni l'intimidation théâtrale qui ressemble à la colère mais n'est en fait qu'un abus. Dans ce cas, nous pouvons *exhiber* des sentiments, mais pas les exprimer réellement.

Les quatre sentiments majeurs sont positifs : ils nous aident à nous développer en tant que personnes. Aucun sentiment n'est négatif ou inapproprié de façon inhérente, même s'il semble injustifié. Ce qui est négatif, c'est de réprimer un sentiment ou d'être possédé par lui. Certains sentiments sont douloureux, mais ils le sont moins quand nous les laissons nous traverser et quand nous cessons de les craindre. La honte, le blâme et l'impatience vis-à-vis de nous-mêmes sont les méchants de l'histoire, qui rendent des sentiments comme la peur et la tristesse plus douloureux qu'ils n'ont besoin de l'être.

La plupart d'entre nous n'ont même pas essayé de se poser simplement dans une expérience de sentiment. Nous ne nous faisons pas assez confiance pour laisser nos sentiments s'exprimer pleinement. De ce fait, nous ne découvrons jamais qu'un sentiment n'est pas aussi douloureux que nous l'imaginons. Nous ignorons ainsi à quel point nous sommes soulagés quand nous lâchons prise au lieu de nous accrocher. Rien n'est plus difficile à gérer que la peur d'affronter un sentiment.

Par lui-même, il peut être associé à la peur et à un sentiment d'impuissance. Nous avons peur de perdre l'amour ou l'approbation si nous montrons nos émotions. Notre peur de bouleverser les autres vient de la crainte qu'ils ne nous aiment plus si nous sommes véritablement nous-mêmes. On a appris à certains d'entre nous à croire que les sentiments sont gênants, impolis ou grossiers. Ces jugements viennent du monde de la peur, non du monde de la libre parole que sont en réalité les sentiments.

Les sentiments ne sont pas mauvais ou faux, ils sont seulement désagréables parfois. Nous ajoutons une couche de souffrance à un sentiment déjà déplaisant quand nous croyons que c'est mal de notre part de l'éprouver. Nous entachons alors ce sentiment de culpabilité. Par exemple, nous n'aimons pas ressentir de la jalousie, et nous empirons les choses en nous réprimandant d'éprouver ce qui est une donnée normale de toute relation. Peut-être sommes-nous gênés ou effrayés de voir combien nous sommes devenus vulnérables dans notre relation.

Les sentiments peuvent être des machines à remonter le temps qui nous ramènent à notre enfance. Nous redoutons l'abandon parce que, quand il survient, nous nous sentons impuissants à le changer, comme nous l'étions dans l'enfance. L'âge adulte, pour certains d'entre nous, n'est-il pas la quête d'une maîtrise totale, pour ne plus jamais avoir à ressentir cette impuissance ? Quand quelqu'un nous rejette, nous en sommes parfois si tristes que nous nous sentons dévastés, seuls et perdus. Nous éprouvons la même sensation que quand nos parents se détournaient de nous, ou quand des amis d'école nous rejetaient. Un sentiment de désespoir et d'impuissance (la même chose en réalité) est un indice de cette connexion avec notre passé. Nous confronter à nos sentiments, c'est être vulnérable aux flèches du passé qui volent encore à travers les cieux du présent.

Les autres peuvent être les catalyseurs de nos sentiments, mais aucun n'en est la cause. L'expérience d'un sentiment est comme frotter deux bâtons l'un contre l'autre. Il est impossible de dire lequel a provoqué l'étincelle. Deux personnes, ou une personne et un événement, doivent se frotter l'un à l'autre pour qu'il en sorte une étincelle.

Comment la peur nous retient

Dans l'enfance, nous éprouvions un besoin instinctif d'une connexion avec nos parents. Ce besoin de connexion dure toute notre vie, et sa meilleure illustration sont les cinq A. Il y eut, et il y aura, des perturbations dans notre connectivité, mais la réparation est toujours possible dans ce que Winnicott appelle « une atmosphère d'échecs réparés ». Les sentiments sont une sécurité quand nous sommes certains que la donnée « nous commettons des erreurs » sera acceptée.

La peur névrotique est l'ennemi mortel et sans merci de notre énergie vivante. La contrepartie de la peur est l'excitation. Avoir peur, c'est réprimer notre excitation vis-à-vis du défi que nous affrontons. Du coup, nous n'entrons en contact qu'avec le danger et le sentiment de notre incapacité à le gérer. Une pratique consiste à nous demander quand nous avons peur : « de quoi ai-je peur d'être excité ? » pour ensuite autoriser l'excitation à se libérer. Les sentiments sont la façon dont l'excitation est accueillie et autorisée.

La peur est parfois ressentie comme une présence étrangère, un démon rusé qui nous possède. C'est ce qui arrive quand nous n'affirmons pas notre peur comme nôtre. Si la peur nous paraît sombre, nous pouvons nous aider en disant, comme Prospero dans *La Tempête* : « Cette chose obscure, je la reconnais comme mienne. »

La peur est une partie de nous qui est conçue pour être ressentie et libérée. À quoi ressemble la peur quand elle nous possède au lieu de nous traverser, comme elle doit le faire ? Cela nous pulse dans le corps, le cœur et l'esprit. C'est impitoyable et envahissant, insensible à toutes les règles du fair play. La peur connaît notre talon d'Achille et le recherche sans trêve. Elle nous frappe quand nous sommes tombés. Les défenses de notre esprit sont lettre morte contre cet agent infiltré en nous qui ne s'en ira pas quoi que nous fassions. La peur nous pousse à faire des choix imprudents, puis se rit de notre imprudence. Elle tuc nos deux meilleurs amis : la confiance en soi, et la confiance dans la possibilité d'une autre issue que celle que notre esprit amateur de catastrophes est en train de concocter.

Nos meilleurs espoirs sont le courage et la grâce, les seules défenses que la peur ne puisse pas abattre. Qu'est-ce que le courage dans ce contexte ? Un engagement à la pratique du triple A, qui exige de nous de :

- admettre que nous avons peur,
- autoriser le sentiment de la peur à être pleinement ressenti,
- agir en sorte que nous ne soyons pas arrêtés ou menés par la peur.

Comment reconnaître la grâce dans ce contexte ? Entamez cette pratique en demandant l'aide d'une puissance plus haute que le moi, et finissez en la remerciant de son aide.

Les quatre principaux sentiments sont nos voies d'accès à notre énergie vivante. La peur comme refoulement – en vogue de nos jours – s'inscrit au débit de notre énergie vivante. « Garder notre calme », c'est figer notre vivacité. Certaines pratiques du mouvement de *self-help* peuvent présenter un retrait significatif quand il s'agit d'exprimer des sentiments d'une façon franche et directe. Beaucoup d'entre nous ont recours à des thérapies, des herbes, du yoga et d'autres techniques pour émousser notre contact avec le sentiment brut.

Cette pathétique entreprise peut dissimuler un besoin de conserver la maîtrise et une peur de nos sentiments. Nous craignons les sentiments parce que nous ne sommes pas certains de pouvoir les faire cesser à notre guise, c'est-à-dire de les maîtriser. Nous craignons les sentiments parce qu'ils ne sont pas toujours présentables, en ce sens que nous ne maîtrisons pas toujours la façon dont ils peuvent s'exprimer. Nous avons peur des sentiments parce qu'ils peuvent conduire à notre effondrement, et nous sommes incapables d'envisager cette possibilité comme une donnée pour nous, si constamment soucieux de tout maîtriser. Nous pouvons éprouver de la tristesse parce que nous ne voulons pas affronter la tâche complexe du deuil. Quand nous avons du chagrin, il nous semble plus courageux de nous raidir plutôt que de pleurer à gros sanglots. Nous nous raisonnons pour sortir du chagrin et perdons notre connexion à la tristesse qui fait de nous des êtres si touchants et si attirants. Paradoxalement, le meilleur réconfort vient d'avoir su ressentir pleinement notre tristesse, en notant que nous lui avons survécu, et en nous ouvrant à l'affection que les autres ont en réserve pour nous, avec toute la proximité qui en résulte. Souvent, quand nous montrons nos sentiments, nous sommes tenus en eux par ceux qui nous aiment ou qui commencent à nous aimer à ce moment. Est-ce cela que nous avons redouté si longtemps ?

Nous pouvons craindre la colère des autres parce que nous l'associons à la violence ou au danger. Le plus grand danger peut être le sentiment d'une perte de lien avec la personne en colère contre nous : « Il est en colère, donc il va me quitter. » Nous pouvons craindre d'exprimer notre propre colère parce que nous ne voulons pas perdre l'approbation des autres. Nous avons peur de dire « aïe » quand nous avons mal, parce que cela risque de rompre notre lien à une autre personne. Quand nous sommes excités à la peur, il peut sembler plus mature d'« en parler » que de montrer ce sentiment. Notre peur de la colère dissimule la peur de nous affirmer et de montrer notre vulnérabilité vis-à-vis des autres. La peur de la colère nous empêche de montrer nos besoins, nos valeurs, nos désirs et nos potentiels les plus profonds, les ingrédients de notre soi véritable, nos étapes vers l'évolution. Comment l'intimité ou la destinée pourraient-elles se déployer quand nous devons dissimuler le meilleur en nous ?

Le pire, c'est que nous craignons aussi la peur elle-même. Quand nous avons peur, il peut sembler plus adulte de dissimuler plutôt que d'afficher notre sentiment d'impuissance. Nous craignons de perdre la maîtrise. Nous avons honte d'être perçus comme effrayés. Nous confondons la peur avec la couardise ou l'inadéquation. La peur de la peur peut nous pousser à prendre tant de précautions que nous n'arrivons jamais à vivre la vie que nous voulons vivre. Nous marchons sur des œufs au lieu de sortir de notre coquille.

Nous pouvons craindre l'exubérance. Nous pouvons nous méfier de la joie et de la spontanéité. Nous craignons d'avoir l'air bête si nous nous mettons soudain à danser. Nous pouvons croire en la superstition que le rire s'achève souvent dans les larmes. Quand nous avons un sentiment d'exubérance, il peut sembler plus mature de garder notre calme que de montrer notre excitation. Nous avons peur de perdre le contrôle, peur de notre nature animale.

La liberté de ressentir conduit à une honnêteté dépourvue de crainte. Nous n'avons plus besoin d'avancer masqués, nous pouvons être ce que nous sommes. Nous pouvons agir avec spontanéité et exprimer librement nos émotions. Nous remarquons peu à peu que nous aimons ce que nous disons et faisons spontanément, que nous sommes fiers de notre honnêteté, que nous n'essayons plus d'avoir l'air comme il faut. Nous disons oui à nous-mêmes tels que nous sommes. C'est précisément ainsi que se révèle notre bonté fondamentale.

> « La bonté dans la nature humaine tient à sa conformité et son aptitude à la grâce, et ce bien ne peut jamais être perdu, pas même par le péché. »
>
> Saint THOMAS D'AQUIN

La durée de vie d'un sentiment

La peur des sentiments nous étrangle. Nous craignons qu'un sentiment nous possède et ne cesse plus jamais. En fait, un sentiment veut être mené à son terme et classé. Les sentiments, comme toute chose dans la vie, sont toujours changeants et impermanents. Comme l'attraction et la répulsion, les sentiments suivent une courbe de Gauss. Nous ne devons pas craindre d'être en colère pour toujours si nous montrons de la colère. Une fois que nous laissons le cycle commencer, il va se dérouler jusqu'à la résolution et le repos. Tout ce que nous avons à faire est nous fondre en lui. Dire : « Il s'accroche à sa colère » n'est pas exact. On ne peut pas s'accrocher à un sentiment de colère, seulement aux jugements, aux désirs de vengeance, au reproche et aux autres tournures d'esprit que nous y rattachons.

Voici comment se déroule en nous le cycle complet d'une expérience de sentiment :

> Stimulus → excitation d'un sentiment → démonstration du sentiment → apaisement → ouverture calme à ce qui peut advenir ensuite alors que nous poursuivons notre vie → stimulus suivant et reprise du cycle complet.

La variation et l'évolution d'un sentiment nous montrent pourquoi nous avons recours au mot « émotion », qui signifie littéralement « sortir ». Les sentiments ou émotions véritables nous (é)meuvent et nous nous mouvons à travers eux. La véritable santé mentale, comme l'évolution de l'univers, est un processus adaptatif continu s'écoulant en flux. Les sentiments montrent la même (é)motion.

Un oui de pleine conscience à nos sentiments signifie que nous les autorisons simplement à survenir et que nous remarquons le moment où nous les éprouvons. Nous ne sommes pas menacés par les dangers de l'attachement ou de l'aversion. Les véritables sentiments nous aident à accomplir ce travail parce qu'ils veulent advenir et partir. Nous pouvons nous interrompre à n'importe quel stade de cette séquence naturelle, préférant une expérience incomplète. Par exemple :

- Nous pouvons nous empêcher de remarquer le stimulus déclenchant en nous lançant dans le déni ou la dissociation.
- Nous pouvons interrompre la montée d'un sentiment en intellectualisant ce qui s'est passé, en le justifiant, en l'excusant ou en oubliant même de le remarquer.
- Nous pouvons interrompre l'expression du sentiment en l'étouffant simplement, ou en en perdant tellement la maîtrise que ce n'est plus un sentiment mais un drame.
- Nous pouvons interrompre le processus d'apaisement en nous accrochant à un ressentiment brûlant (du terme latin « sentir à nouveau »), qui interdit toute résolution. « Elle a toujours peur » peut vouloir dire : « Elle n'a pas encore exprimé sa peur

réelle. » Nous pouvons refuser d'affronter ce qui fait voile vers nous du fond de l'horizon.

À chacun de ces stades, nous pouvons nous tourner vers diverses addictions comme l'alcool, les drogues ou la nourriture pour bloquer le cycle vital de nos sentiments.

Voici ce qui se passe quand nous autorisons pleinement un sentiment. Quelqu'un par exemple nous blesse à dessein : c'est le stimulus. Nous sommes excités à la colère et nous sentons blessés, ce qui est une forme de tristesse. Nous montrons notre colère sans dépit et notre tristesse sans honte. Nous remarquons que le sentiment s'affaiblit, et bientôt nous reprenons le cours de notre vie. Nous faisons tout cela indépendamment des réactions de l'autre, et sans tenter de le prendre en défaut ou de nous venger de lui. C'est la douceur aimante.

Il est bien rare que nous soyons perturbés par un seul sentiment à la fois. Les sentiments sont des notes qui s'unissent pour former des accords complexes. Par exemple, la tristesse accompagne presque toujours la colère et vice versa, puisque ces deux exemples impliquent du chagrin. Nous sommes tristes à cause d'une perte quelconque. Nous sommes mécontents et en colère à cause du sentiment d'injustice qui en découle.

Certains sentiments, par exemple ceux qui sont associés au chagrin d'une lourde perte, peuvent ne jamais trouver une pleine résolution. Il y a une note d'inconsolable dans un chagrin, si longtemps que nous portions le deuil, si bien entourés que nous soyons par nos proches. Nous pouvons dire oui à la donnée que certaines de nos expériences vont rester irrésolues et sans terme véritable. Ce n'est pas parce que nous sommes inadéquats, mais parce que la réalité est parfois têtue – un autre élément du mystère de la vie. Certaines douleurs ne s'apaisent jamais complètement. C'est peut-être ce que voulait dire Virgile en parlant des « larmes dans les choses ». C'est peut-être ce que Bouddha entendait par la première noble vérité – l'universalité et le caractère non éradicable de l'insatisfaction.

Une personne spirituellement consciente aime se laisser aller au flux des événements informés par les sentiments. On conseillait autrefois lors d'un tremblement de terre de se placer dans l'embrasure d'une porte, le dos fermement appuyé d'un côté du chambranle et les jambes tendues contre l'autre. Mais cela revient au fond à aller contre ce qui veut arriver ; on conseille aujourd'hui de se rouler en boule et de se laisser glisser avec le séisme.

Le cycle naturel d'une émotion nous aide aussi à mieux distinguer en quoi l'amour n'est pas vraiment un sentiment. L'amour, contrairement aux quatre sentiments, n'est pas quelque chose que nous traversons. C'est un contexte permanent et un engagement qui se démontre par des choix ici et maintenant. Les manifestations d'amour sont soumises au temps et donc transitoires, mais l'amour lui-même est durable et fiable. Les actes d'amour sont existentiels, mais l'amour lui-même est essentiel, au-delà des ravages des cycles ou des périls de la perte.

Comment recevons-nous les sentiments des autres ?

Pour recevoir pleinement les sentiments des autres et les aider à avancer à travers leurs émotions, nous restons présents aux cinq A, sans les tournures d'esprit du moi que sont la peur, l'attachement, la maîtrise, le jugement, la plainte, le blâme, le mépris ou la censure. Voici quelques exemples :

- Nous laissons les autres connaître le chagrin à leur manière propre, en respectant le temps qu'il leur faut, en montrant de la compassion pour leur douleur et sans essayer de les corriger.
- Nous écoutons leur colère avec attention, sans activer les défenses du moi ni chercher à leur démontrer qu'ils ont tort ou à nous venger d'eux.
- Nous restons présent à leur côté pour les accompagner dans leur peur.
- Nous encourageons leur plaisir et leur joie et nous les partageons, en leur disant : « Vas-y. »

L'intimité en vient alors à signifier un échange de nos sentiments avec le soutien exprimé par les cinq A et sans les tournures d'esprit du moi. Une relation adulte qui interdit l'un des quatre sentiments n'autorise pas la pleine montée de l'intimité.

La plupart d'entre nous n'expriment ni ne reçoivent pleinement les sentiments. Il pouvait être dangereux d'exprimer des sentiments dans l'enfance. Peut-être nous ont-ils été interdits, ou les a-t-on tournés en ridicule. Par exemple, un parent qui ne pouvait pas supporter les larmes a pu se moquer de nous en disant : « Il n'y a pas de quoi pleurer. » À présent, nous essayons de garder la « tête haute » pour ne pas exprimer, ni même laisser deviner, nos chagrins réels.

Que faisons-nous quand un ami souffre ? Cherchons-nous aussitôt à le réconforter en lui montrant le sens ultime de sa souffrance ? Acquiesçons-nous au fait que celle-ci n'a pas de sens s'il la voit de cette façon ? Le moindre mot peut empiéter sur l'expérience de l'autre. L'attitude appropriée est simplement de *rester*. L'amitié manifestée ainsi est une pratique spirituelle de pleine conscience. Nous restons sans jugement ni conseils ni mots de réconfort. C'est ainsi qu'un oui compassionné s'exprime en réponse à l'angoisse des autres. Rester avec les sentiments d'un autre sans tenter de les changer, de les corriger ou de les réduire honore la connectivité.

Roméo dit à Juliette dans la tombe : « Je resterai avec toi. » C'est la forme que prend cet amour. Frère Laurent en revanche dit à Juliette : « Je n'ose rester plus longtemps. » La peur l'a emporté sur cet amour. Dans la Bhagavad-Gita, un texte sacré fondamental de l'hindouisme, le dieu Krishna apparaît à Arjuna sur le champ de bataille. Il lui promet de rester à son côté tout au long de son épreuve et tient parole. Le Christ dit : « Vois, je suis toujours avec toi. » Bouddha, avec son sourire, semble nous faire la même promesse. Rester est la façon dont l'amour se rend présent. Cette attitude n'efface pas la réalité pour nous, elle nous accompagne simplement à travers elle. Rester avec notre propre réalité, c'est devenir divinement aimants de nous-mêmes.

Suivre nos sentiments à la trace

> « Donnez des mots au chagrin. Le chagrin
> qui ne parle pas
> Murmure au cœur surchargé et le brise. »
>
> William SHAKESPEARE, *Macbeth*

Le premier défi dans l'expression de nos sentiments consiste à endosser la responsabilité personnelle de ce que nous ressentons, puisque notre réaction sentimentale est subjective, fondée sur nos croyances et nos besoins spécifiques. Une action ne conduit pas à un sentiment, à moins qu'une croyance n'intervienne. C'est simple comme bonjour : l'*action* ou le stimulus mène à la *croyance* sur sa signification, qui mène ensuite au sentiment. En tant qu'adultes, nous ne cessons de réexaminer nos croyances quand elles ont besoin d'être révisées. Par exemple, je suis jaloux parce qu'il semble que mon partenaire se soit lié avec quelqu'un au travail. C'est un stimulus. Leur amitié m'effraie et me semble menaçante pour moi. Mais d'où vient cette peur ? Je pense que quelqu'un est en train de prendre ma place. Ma peur est fondée sur cette croyance, pas sur leur relation.

Le second défi consiste à montrer nos sentiments sans que cela menace la liberté des autres ni n'empiète sur elle. Par exemple, quand nous sommes en détresse, il peut nous arriver d'appeler un ami pour le plonger dans la même détresse que nous. Les gens sains partagent leurs sentiments pour que les autres les reflètent, pas pour les déverser sur eux. Les adultes cherchent des réactions à leur gestion de leurs sentiments ; ils n'en font pas porter le fardeau aux autres. Ils demandent de la compassion, pas de la pitié ou de l'aide pour accomplir une vengeance.

Le troisième défi consiste à sauvegarder un lien aux autres quoi que nous éprouvions à leur égard : « Je suis en colère contre toi et je t'aime encore. Mon engagement envers toi n'est pas amoindri par la colère que je ressens à présent. » Les sentiments authentiques n'ont pas besoin de perturber notre proximité mutuelle. Ils peuvent être des communications conduisant à une communion plus profonde.

Une pratique utile pour recouvrer notre droit à nos sentiments est de retracer le cheminement de ce qui nous arrive. Comment chaque émotion surgit-elle ? Que se passe-t-il quand nous la sentons monter ? Comment l'exprimons-nous ou non ? D'où vient ce style ? Ces questions vont dans les deux directions, explorant à la fois nos sentiments envers les autres et les réactions que nous inspirent leurs sentiments envers nous. En outre, le chemin emprunté par chaque sentiment dépend souvent du modèle que nos parents nous ont donné, ou d'inhibitions anciennes.

Par exemple, j'ai noté que chaque fois que quelqu'un semble se mettre en colère contre moi, j'use de mes pouvoirs de persuasion pour le ou la calmer. Je souris, je parle raisonnablement, j'essaie d'apaiser les choses. Je me persuade que je suis ainsi mon engagement à la non-violence. Mais au fond, je ne peux pas m'y tromper. Je sais que ce style apaisant contient de la peur. J'y vois un lien avec mon enfance, quand la colère s'exprimait de façon brutale et violente, et que j'en avais peur. Mon impuissance dans l'enfance me rend aujourd'hui craintif de la saine colère. Pourtant, j'apprends qu'en tant qu'adulte, je peux me faire confiance pour gérer la fureur en l'arrêtant net ou en brisant là. Je n'ai plus à subir l'impuissance, et je peux désormais laisser la colère surgir chez les autres et chez moi avec moins de peur et plus d'assurance. La technique du triple A – admettre la peur, autoriser le sentiment, agir – m'a beaucoup aidé, tout comme la pratique de la douceur aimante.

Il y a une limite à l'expression des sentiments, et elle concerne la confiance. Si nous ne pouvons pas avoir la certitude que notre interlocuteur peut recevoir nos sentiments avec le respect des cinq A et sans chercher à les utiliser ensuite contre nous, il vaut mieux ne pas les exprimer pour le moment. Nous pouvons partager nos sentiments plus tard avec quelqu'un digne de confiance. En effet, quand un sentiment surgit, nous avons besoin d'une connexion plus étroite que d'ordinaire. C'est pourquoi nous nous sentons si vulnérables quand nous montrons des sentiments, et pourquoi nous craignons parfois de le faire. Comme le dit Shakespeare : « J'en ai trop dit à un cœur de pierre. »

C'est une donnée que certaines personnes nous manifesteront les cinq A. C'est aussi une donnée que d'autres ne feront pas attention à nous, ne nous accepteront pas, ne nous apprécieront pas, n'éprouveront ni ne montreront d'affection à notre égard, et que certains tenteront de nous contrôler au lieu de respecter notre liberté. Si nous pouvons être flexibles et résilients dans nos relations, nous remarquerons ce qui manque et nous en éprouverons de la tristesse sans désir de vengeance. Ces trois réponses constituent une pratique spirituelle du oui à la façon d'être des autres, sans protestation ni blâme. Nous renoncerons alors à un droit arrogant aux cinq A, nous les apprécierons quand ils croiseront notre route, et nous croîtrons en compassion pour ceux qui ont du mal à aimer.

Ce que les sentiments ne sont pas

Nos sentiments sont notre vérité. Les dissimuler en nous-mêmes ou les fuir chez les autres, c'est manquer à affronter la vérité qui nous libère et le contact qui nous rend cohérents – et vulnérables – les uns aux autres. En outre, il est impossible d'opérer une substitution dans les sentiments. La vérité signifie honorer le sentiment approprié à notre expérience. Si fort que nous enragions, nous ne pouvons jamais être satisfaits si en réalité nous avons envie de pleurer.

Les sentiments ne sont pas des croyances, des besoins, des sensations, des états émotionnels ou des jugements. Le mot « sentir » recouvre en réalité des choses très diverses en termes de communication humaine.

Le langage nous aide à trouver nos véritables sentiments. Des mots aussi simples que « triste », « en colère », « effrayé » ou « heureux » dénotent des

Cette affirmation :	*Signifie en réalité :*
■ Je sens qu'il est le meilleur candidat.	■ Je pense qu'il est le meilleur candidat.
■ Je ressens l'envie d'être pris(e) dans les bras.	■ J'ai besoin qu'on me prenne dans les bras.
■ Je me sens seul(e).	■ Quand je suis seul(e), je me sens…
■ Je sens que tu m'as trahi(e).	■ Je te juge sur ton attitude ; quand je suis trahi(e) je me sens… ; je pense que tu m'as trahi(e).

sentiments fondamentaux. Mais bien d'autres mots issus du latin semblent dénoter des sentiments qui en réalité n'en sont pas. Par exemple, les mots suivants sont en fait des jugements sur la façon dont les autres nous ont traité : trahi, abandonné, rejeté, déçu, humilié ou isolé. Chacun est une croyance qui active certaines lignes d'histoire personnelle et implique subtilement quelqu'un d'autre dans notre détresse. Chacun sert à montrer du doigt quiconque a osé s'attaquer à notre moi.

Chercher le véritable sentiment qui se dissimule derrière la croyance est un projet adulte. Par exemple, « Je suis triste parce que je suis déçu ». Nous passons alors de la façon dont nous avons été traité à la façon dont nous pouvons montrer nos sentiments authentiques et en endosser ainsi la responsabilité. La guérison commence et se poursuit avec l'attention à ce qui est réel – la concentration éclairée et l'expression de ce que nous ressentons.

Nous pouvons aussi confondre les sentiments avec des états d'esprit comme la solitude ou la jalousie. Il vaut mieux pour nous reconnaître les sentiments authentiques situés derrière nos états intérieurs. Au lieu de « je me sens seul », essayez : « quand je suis seul, je me sens... ». Cela peut nous installer dans un ou plusieurs des quatre sentiments fondamentaux au lieu de nous faire tomber dans l'alcool, la drogue, le sexe, l'excès de nourriture ou le shopping.

La jalousie en fait n'est pas un sentiment mais une combinaison de trois sentiments : colère, peur et tristesse – autant de fantasmes paranoïdes intriqués de façon obsessionnelle. Identifier nos sentiments réels est une façon d'endosser la responsabilité de notre situation au lieu de nous laisser distraire par la vengeance ou le recours à diverses addictions en guise de réconfort. « Maintenant que je suis jaloux, je me sens... »

Il existe bien d'autres exemples de sentiments confondus avec des états d'esprit. « Je me sens hostile » est en fait « Je suis en colère » ; « Je me sens mal à l'aise » peut être « J'ai peur ». « Je me sens bien » peut être « Je suis joyeux ». C'est une bonne pratique de revenir à nos quatre bases (tristesse, colère, peur, exubérance) et de vérifier sur nous quel(s) sentiment(s) est réellement en jeu. Puisque la première phase du travail psychologique consiste à articuler notre propre vérité, nous avons intérêt à savoir ce que nous ressentons réellement, pour pouvoir décoder et résoudre au mieux notre expérience.

La haine peut se confondre avec la colère. La haine a cinq caractéristiques : une forte colère, un besoin mauvais de blesser l'autre, un désir insatiable de vengeance, une incapacité à pardonner même si l'autre fait amende honorable, et le renoncement à l'autre. La haine est une défense contre notre colère, notre chagrin et notre impuissance. Nous sommes incapables de supporter ces sentiments, aussi nous les projetons sur les autres sous forme de haine. C'est une entreprise dangereuse et frustrante que les gens évolués ont laissée derrière eux.

Cela signifie-t-il qu'il n'existe pas de juste colère ? La différence entre la colère et la haine est que la colère cherche à supprimer une injustice, alors que la haine cherche à détruire l'injuste. La colère engage ; la haine met à distance. La colère est exprimée et lâche prise. La haine ne peut jamais être satisfaite ou comblée, mais souffre de ressentiment – de sentir sans cesse à nouveau. En ce sens, la haine est une rage impuissante. La haine est au côté obscur d'un individu ce que la guerre est au côté obscur du collectif. Le désespoir est l'origine de la haine, puisque celui qui hait a renoncé à l'autre. Le désespoir est l'origine de la guerre, puisqu'un côté (ou les deux) a abandonné l'idée de solutions pacifiques.

Les sentiments bruts, comme la colère, viennent du cerveau limbique, siège des émotions. L'hostilité ou l'envie prennent le masque de sentiments. En fait, si elles contiennent des sentiments, elles sont surtout des exhibitions sociales issues de centres plus sophistiqués du cerveau. Ainsi, même par leur origine et leur localisation cérébrale, les sentiments diffèrent des jugements, des croyances, ou des exhibitions sociales manipulatrices. Les véritables sentiments demeurent la tristesse, la colère, la peur et le bonheur. Mais des êtres complexes comme nous aiment la complexité.

Nous avons tous remarqué qu'un sentiment tend à dominer dans notre personnalité. C'est notre recours favori, notre position par défaut. Par exemple, certains pleurent quand il se passe quelque chose d'important ; d'autres se mettent en colère pour la moindre chose. Certains trouvent systématiquement de quoi s'inquiéter, tandis que d'autres tendent à écarter les problèmes d'un revers de main. Dans mes ateliers, je demande parfois aux participants quel sentiment ils éprouvent le plus souvent dans la vie quotidienne. Invariablement, la peur arrive en tête, selon un ratio de sept à un.

Les sentiments sont tridimensionnels

Les sentiments résonnent dans notre corps au diapason avec les modifications de notre rythme cardiaque, de notre pouls, de notre respiration ; avec les montées de sérotonine, d'adrénaline, de norépinéphrine ; avec la constriction ou l'expansion des vaisseaux sanguins, le raidissement des muscles, les changements de température. Les sentiments aussi ont des dimensions psychologiques et spirituelles. Une expression saine des sentiments honore les trois dimensions – le corps, l'esprit, l'âme.

Montrer des sentiments par des gestes physiques et une pleine résonance corporelle nous aide à être fidèles à la nature viscérale de notre expérience. La société peut froncer le sourcil devant cette expression de sentiment pleine et épanouie, mais le défi de la liberté personnelle est de concevoir notre comportement en accord avec ce qui est sain et naturel.

Nous sommes des *animaux* rationnels, et pourtant nous vivons pour l'essentiel dans notre tête. Les sentiments nous permettent d'accueillir nos inclinations instinctives, passionnées et primales. Ils ouvrent la porte pour nous permettre de prendre plus de risques, défier davantage le *statu quo*, oser plus en imagination et en acte. La rationalité, c'est la maîtrise : c'est sans doute pourquoi nous y sommes plus en sécurité et nous refusons notre qualité de citoyens du royaume animal. Les sentiments, avec la danse, les cris, la plaisanterie et autres expéditions hors de notre boîte libèrent notre plein naturel.

En même temps, sur le plan psychologique, les sentiments sont faits pour être abordés, traités et résolus. Quand nous nous engageons à le faire, nous cessons de vivre une vie sans examen. Nous choisissons la conscience, et c'est là un choix pour l'évolution – le but de notre vie et notre objectif le plus excitant. Nous construisons ainsi notre estime de soi.

La dimension spirituelle des sentiments survient quand nous sommes reconnaissants de l'énergie vivante que suscitent nos sentiments. Nous sentons aussi une identité entre notre énergie personnelle et l'énergie dans la vie collective de l'univers. Alors nous comprenons avec joie que la sensation d'être en vie est la puissance même qui fait briller les étoiles lointaines et rouler les vagues sauvages.

> Puissé-je trouver la sécurité dans mes sentiments, et puissent ceux avec qui je suis en contact trouver des réponses de sentiment en moi, afin que l'amour puisse s'épanouir entre nous et dans tout l'univers.

CHAPITRE IX

Oui à la personne que je suis

Les données sont des conditions auxquelles nous ne cesserons d'être confrontés au cours de notre vie. Nous pouvons les prendre comme une information plutôt que comme des provocations. Ce type de oui serein nous aide à grandir. Alors les conditions de notre existence peuvent nous conduire à la croissance psychologique, à la maturation spirituelle et à la conscience mystique. Paradoxalement, un oui inconditionnel à la personne que je suis, à la façon dont sont les autres et à ce qu'est le monde me place dans la meilleure position pour grandir. Nous pouvons dire oui à la participation à notre propre évolution et travailler aux objectifs de notre vie de trois façons : en cultivant la santé psychologique, la maturité spirituelle et l'unité mystique ou l'éveil spirituel. Ces trois niveaux ne se succèdent pas sur un mode linéaire : ils s'imbriquent en un tout et chacun n'est complet que lorsqu'il inclut les deux autres. Intégrer ces trois dimensions de nous-mêmes, c'est combiner la santé et la sainteté.

Dans le mouvement du *self-help*, nous comprenons peu à peu qu'une personne réellement saine est aussi quelqu'un de vertueux. Par exemple, avoir de l'estime pour soi est un accomplissement psychologique. Mais sans humilité – la vertu qui résulte de la pratique spirituelle –, elle est purement décorative au lieu d'être réellement et profondément intégrée. Le travail psychologique ne nous pousse pas à la douceur aimante, au refus de se venger, ou même à l'intégrité en affaires. Pour pratiquer ces vertus, il nous faut une conscience spirituelle qui complète notre travail psychologique.

D'autre part, la pratique spirituelle ne nous aide pas à aborder et guérir nos problèmes d'enfance. Par exemple, nous pouvons nous asseoir régulièrement pour méditer et pratiquer la pleine conscience, mais sans cesser d'en vouloir à nos parents de leur négligence ou leur maltraitance, ou, pire encore, d'agir envers les autres comme nos parents ont agi envers nous. Une personne consciente sur le plan spirituel est celle qui a appris à reconnaître et à travailler ses questions non résolues, son côté sombre et l'hypertrophie de son moi. La méditation ne suffit pas à traiter tout cela. Seuls les outils psychologiques peuvent offrir ici une aide efficace.

L'imbrication de ces trois niveaux nous aide puissamment dans la réalisation de notre objectif : le moment de l'illumination qui permet de laisser passer la lumière, de sorte que chacun peut connaître l'amour à travers nous. Un oui inconditionnel et éclairé à ce qui est nous pousse à activer et élargir notre triple potentiel : personnel, spirituel et transpersonnel. Ainsi, une personne complète est celle qui travaille sur le plan psychologique, qui s'engage dans la pratique spirituelle, et est pénétrée d'un sentiment d'unité avec l'univers.

Sur le plan psychologique

Dire oui à notre développement psychologique personnel, c'est nous engager dans le travail nécessaire pour construire un moi plus sain, c'est-à-dire une façon plus saine de fonctionner dans le monde.

Si nous n'avons pas succombé à une vie de haine, de désespoir ou de mépris, c'est que nous avons victorieusement survécu jusqu'ici aux secousses de l'enfance et de la vie adulte. La santé psychologique est une combinaison de pensée et d'action dans le monde qui nous fait continuer à évoluer. C'est avant tout la clé pour une estime de soi qui nous apporte à la fois la sérénité et le bonheur. Ensuite, la santé psychologique signifie des relations effectives dans lesquelles il devient possible d'aimer sans crainte. À titre d'élément de votre propre travail personnel, utilisez cette liste comme un guide pour suivre vos progrès vers la santé psychologique :

- Nous affirmer dans nos rapports avec les autres, afin d'exprimer nos besoins, nos valeurs et nos désirs les plus profonds sans inhibition et dans le respect des autres.
- Faire la paix avec les problèmes de l'enfance pour qu'ils cessent d'avoir un tel contrôle sur notre vie actuelle, ou de diriger notre style de relation aux autres.
- Avoir un programme pour affronter la peur, la culpabilité, la colère et l'addiction, afin de n'être plus guidé ou arrêté par elles.
- Reconnaître que notre moi peut s'hypertrophier ou se centrer sur lui-même, et choisir de ne plus être dominé par ces distorsions.

- Avoir un programme intérieur fiable, auquel nous nous tenons pour gérer les besoins, les conflits, la souffrance, les pertes, les défis et la prise de décision.
- Nous engager à aborder, traiter et résoudre les problèmes qui surgissent en nous et entre nous et les autres.
- Avoir conscience que les gens – et soi-même – ont un côté obscur, et avoir un programme pour l'affronter de façon créative, y compris en nous repentant quand nous sommes en faute.
- Reconnaître que nos réactions d'aversion ou d'attirance pour les autres peuvent être des projections fondées sur notre propre ombre, notre moi, ou nos problèmes dans la prime enfance.
- Avoir le respect de soi-même et des autres, avec toutes leurs vertus et leurs vices.
- Savoir garder des limites personnelles tout en restant authentique dans nos relations avec les autres.
- Être capable d'intimité sans être arrêté par la peur ou poussé par la compulsion.
- Avoir une intuition fiable, en évolution constante, et une attention non défensive aux réactions des autres.
- Savoir s'engager avec animation avec les nouvelles personnes qui entrent dans notre vie, tout en laissant partir sereinement ceux qui la quittent.
- Reconnaître que ces qualités peuvent exiger l'aide d'une thérapie, de livres, de cours de *self-help* ou de programmes en douze points, et désirer aller chercher ces ressources.

Sur le plan spirituel

Le travail psychologique et la pratique spirituelle ne sont pas deux tâches séparées, mais un projet unique et simultané du devenir humain. Dans la santé psychologique, nous visons à remplir les objectifs de notre vie, à trouver le bonheur personnel et à jouir de relations réelles avec ceux qui nous entourent. Dans la pratique spirituelle, nous élargissons notre objectif jusqu'à inclure le bonheur et l'évolution du monde entier. Ce n'est pas un domaine totalement différent de l'expérience humaine. C'est plutôt un approfondissement de notre sentiment d'être en vie qui suscite une présence plus aimante dans le monde. Les pratiques spirituelles sont les moyens compétents pour cet approfondissement. Elles incluent la méditation, la douceur aimante, la dévotion religieuse et la vie vertueuse.

L'évolution montre bien qu'il existe quelque chose au sein de la nature même qui s'intéresse au fait que la vie l'emporte sur la destruction et l'amour sur la haine. « Notre expérience est que les êtres humains continuent à vivre. De là, je déduis que c'est la loi de l'amour qui domine l'humanité. J'éprouve une joie ineffable à tenter de le démontrer. » Quand nous affirmons un tel objectif et coopérons avec lui, l'amour s'épanouit et la guerre et l'hostilité cessent de détruire notre monde. Le projet de devenir humains se révèle le même que celui de la nature : la transcendance permanente. Comme l'a dit Mircea Eliade : « La nature exprime quelque chose qui nous transcende. » Qu'est-ce qui est transcendé ? Notre moi centré sur lui-même, poussé par la peur et l'avidité.

Quels sont nos engagements quand nous devenons des personnes plus évoluées sur le plan spirituel ? (Servez-vous de cette liste pour explorer les effets de vos pratiques spirituelles sur votre style de vie actuel.)

- Agir vertueusement dans tous nos rapports avec les autres, sans chercher à profiter d'eux ou à gagner leur adulation.
- Montrer de la compassion et de l'amour, non seulement à ceux que nous aimons mais à tous les êtres.
- Apprivoiser et transformer l'obscurité en nous et chez les autres, pour qu'elle dévoile ses richesses spirituelles.
- Veiller à ce que les autres trouvent les dons spirituels que nous avons découverts, et faire tout notre possible pour les partager, surtout par l'exemple.
- Laisser notre vie devenir l'histoire non seulement de notre propre progression, mais aussi de notre coopération avec l'évolution de notre planète.
- Être libre des contraintes du moi, c'est-à-dire ne plus être poussé ou arrêté par la peur, l'attachement, la maîtrise ou la certitude arrogante de son bon droit.
- Abandonner toutes les formes, si subtiles soient-elles, de représailles ou de violence, pour remplacer la colère par l'action et notre paranoïa par la motivation.
- Honorer la liberté des autres et travailler à la justice dans le monde par la non-violence.
- Créer un fondement, ou un cadre de valeurs et de critères cohérent à partir duquel effectuer les choix de notre vie.
- Avoir foi en un sentiment durable que quelque chose, sans que nous sachions quoi ni comment, est toujours à l'œuvre pour nous guider, ainsi que tous les êtres, vers nos plus hautes capacités d'amour.

- Être reconnaissant quand certains de nos pas nous conduisent à un nouveau degré de conscience.
- Agir avec humilité et avec des critères vertueux.
- Rester conscient qu'au final, nous n'atteignons pas la sagesse spirituelle, mais que nous la recevons comme une grâce – toujours et partout disponible.
- Avoir la certitude grandissante que le monde et tout ce qui arrive en lui ont un sens et une motivation plus vastes que celui de gratifier notre moi. Le oui fait advenir cela, comme l'a dit Dag Hammarskjöld : « À un certain moment, j'ai répondu oui à Quelqu'un – ou à Quelque chose – et dès lors j'ai été certain que l'existence avait un sens et qu'en conséquence ma vie, dans la reddition volontaire, avait un but. »

Mon cœur est-il assez grand pour contenir
toutes les puissances qui veulent me trouver
et œuvrer à travers moi ?

Sur le plan mystique

La conscience est la façon dont nous nous connectons au monde autour de nous. L'expérience mystique est une pure conscience libre de tout contenu. Mystique, ici, ne veut pas dire occulte, ésotérique ou parapsychologique. Cela veut dire la possibilité de poser une équivalence entre notre propre conscience et la conscience universelle. Le personnel est le naturel, qui est le transpersonnel. Jan Van Ruysbroeck, un disciple de Maître Eckhart, a écrit : « Le mystique monte et descend à la fois l'échelle céleste de la contemplation. Son contact avec le divin doit évoquer l'élan complémentaire de la charité au monde entier. »

Un mystique trouve une voie spirituelle et la suit sans avoir besoin de médiateurs – sans même le besoin d'une voie. Un mystique a dépassé les formes et les divisions en une unité pure. Il ou elle a un discernement intuitif qui transcende et défie la pensée rationnelle. La religion et les pratiques spirituelles offrent un cadre pour l'éveil, mais le mysticisme est la réalisation de l'éveil.

Quand nous nous saisissons d'une vision mystique, notre humaine nature, comme la nature elle-même, irradie partout dans l'univers. Cela signifie qu'il n'y a pas de division entre intérieur et extérieur, surface et profondeur, corps et âme. Il s'agit de distinctions provisoires auxquelles nous avons recours pour distinguer par convention le moi individuel pensant d'une énergie unique et sans bords qui anime tout l'univers. Les mots sont différents dans chaque tradition, mais l'expérience est la même. La nature de Bouddha se rapproche de ce que l'on appelle la conscience christique dans le christianisme, le souffle de Dieu dans le judaïsme, et une conscience plus élevée ou la force de vie dans l'humanisme. Le Soi archétypal décrit par Jung est lui aussi lié à ces concepts. Les mystiques ont découvert une vie plus vaste qui est à la fois notre origine et notre but, « dont le centre est partout et la circonférence nulle part », selon les termes du théologien allemand Nicolas de Cues pour décrire Dieu. Dieu perçu comme transcendant peut être une façon d'affirmer que notre valeur la plus haute se trouve dans la transcendance plutôt que dans la limite.

Nous ne cessons de progresser à travers la pratique spirituelle. Dans l'union mystique, toute la parade de l'évolution surgit dans ce moment d'illumination, toujours et déjà, ici et maintenant. Ce n'est plus la croissance, mais la perfection. L'union mystique est un état de grâce qui n'est pas suscité par le travail ou la pratique, bien qu'il en découle en général.

Voici certaines des qualités que peut inclure l'état mystique. À titre de pratique spirituelle, considérez la place de chacune d'elle dans votre vie actuelle.

- Une reconnaissance que la conscience individuelle et le moi ne sont que des désignations provisoires et des suggestions répétées de diviser l'identité, qui sont en fait interconnectées avec tout ce qui est.
- Une conscience que tout est permanent dans ses cycles de changement et de renouveau, et impermanent dans son identité individuelle.
- La fin d'un état où nous sommes poussés ou arrêtés par la peur, pour être libérés du monde du moi déchiré par la guerre.
- Une compassion engagée et active envers ceux qui sont encore captifs du moi – sans estimer que nous leur sommes supérieurs.
- Un message d'amour inconditionnel, de sagesse intuitive et de pouvoir de guérison dans tout ce que nous disons et faisons.
- Une vision du monde comme une célébration sans cesse renouvelée dans laquelle s'accomplit le mariage mystique des contraires apparents.
- Une vision de la nature comme ce qui contient, préserve et développe la conscience.
- Une contribution à la libération de l'obscur humain collectif par l'intégrité morale personnelle et l'engagement au bien-être des autres, comme dans les vœux du bodhisattva.

- Une reconnaissance que tout est grâce et synchronicité, de sorte que si chaotique ou bizarre que puisse être la vie, notre destinée s'accomplit magnifiquement.
- Un sentiment d'une vie transcendante derrière toutes les apparences finies, d'une non-dualité sous-jacente à tout ce qui est.
- Une conscience que le divin est la réalité la plus profonde de l'homme et de la nature, et non un état ou un être séparé, sauf dans la personnification et la métaphore.
- Une douceur aimante irréductible envers nous-même et les autres.
- Une conscience que tout sur cette liste est inadéquat et imprécis, puisque les mots ne peuvent pas contenir – ni même approcher – le mystère de l'infini. Comme le dit Emily Dickinson, « trop aveuglante pour notre infirmité / La magnifique surprise de la vérité ».

Le soi ou le non-soi ?

La forme et le vide sont des termes souvent utilisés dans le bouddhisme. Un être humain a une forme physique et une forme mentale qui sont également uniques. En outre, une personne est le vide, l'esprit de Bouddha, l'être essentiel partagé par tous les humains et par la nature. Nous pourrions dire que la forme et le vide doivent devenir les puissances d'un axe pour que nous puissions évoluer.

Nous sommes parfois perplexes devant l'apparente contradiction entre notre objectif psychologique d'être quelqu'un et notre destin spirituel d'abandonner le moi et de n'être personne. Ce n'est pas un choix « ou bien… ou bien » entre soi et non-soi ; nous sommes à la fois un soi conventionnel *et* un non-soi. Nous sommes à la fois une personne spécifique et unique sur le plan psychologique (forme) et non séparée sur le plan spirituel (vide). Le non-soi n'est pas le zéro, mais l'innombrable.

Être un soi sur le plan psychologique signifie œuvrer à partir d'un sentiment cohérent de nous-mêmes, tandis que nous pensons et agissons dans le monde. En un sens, le soi psychologique est la simple description d'un ensemble d'opérations qui nous gardent à flot dans le monde conventionnel. C'est une désignation provisoire et utilitariste, pas une réalité ontologique.

Reconnaître le fait du non-soi, c'est abandonner l'illusion qu'un tel soi ou moi serait permanent, indépendant, fixé ou solide. Le sentiment de fixité et de séparation est une impression, non un fait empirique. Comprendre notre vide inhérent est un accomplissement de la sagesse. Le non-soi du bouddhisme et du mysticisme se réfère au fait que nous sommes tous interconnectés et contingents – un système interactif, non une collection d'individus. Quand nous en mettons en pratique les implications, nous agissons avec compassion. Alors nous voyons ce que nous appelons notre identité pour ce qu'elle est : une tentative futile de garder la maîtrise. Notre connectivité universelle explique notre sentiment d'unicité avec la nature et avec les autres. Quand nous nous éveillons à notre vraie nature, à notre véritable interconnectivité, nous découvrons que la sagesse mène à la compassion et nous sommes libérés des froides et lourdes chaînes du moi égocentriste. Le non-soi est la réalité unie et l'harmonie de la nature qui nous meut avec les autres étoiles.

Le fait qu'il n'y ait pas de soi séparé ne signifie pas simplement que tous les êtres sont interconnectés entre eux. Cela signifie aussi que notre identité conventionnelle est un processus, non une structure établie. Notre identité, en d'autres termes, est un phénomène en évolution. Elle est impermanente, non seulement parce qu'elle est contingente, mais aussi parce qu'elle ne cesse de changer pour devenir ce qu'elle ne sera jamais pleinement. Nous serons toujours davantage et jamais définitivement terminés.

Le farouche individualisme issu du romantisme du XVIIIe siècle, avec son obsession de la liberté personnelle, a conduit tout droit à l'aliénation que nous ressentons dans le monde d'aujourd'hui. Nous sommes des animaux sociaux qui s'efforcent d'être séparatistes. La spiritualité a une réponse : la compassion s'écoulant en flux d'un sentiment d'interconnectivité. Nous entamons notre vie en tant que partie du corps de notre mère, et nous commençons notre individuation à la naissance. Nous établissons alors notre propre densité sur la planète par notre personnalité, nos désirs, nos possessions, nos relations et nos réussites uniques. Ils étaient conçus pour être les moyens de notre accomplissement, mais ils deviennent parfois des fins qui perpétuent notre nature séparée.

Marie-Louise von Franz, une analyste jungienne, a écrit ceci sur le soi et le non-soi : « Le Soi est le noyau le plus individuel de la personne la plus individuelle, et en même temps le soi humain, c'est-à-dire le Soi de toute l'humanité. » Un Soi entièrement présent à tout ce qui est peut être finalement identifié comme la force de vie. Cette force, la même en nous que dans toute la nature, ne survit pas dans le monde du chacun pour soi, seulement dans le monde écologique du chacun pour tous. Le Soi est la force de vie de l'univers articulé dans le soi – le vôtre et le mien – ici et maintenant.

Notre identité est unicité, et notre destinée est d'agir en accord avec cette unicité. Ainsi la vie survient et s'épanouit, semble-t-il, à cause de l'amour. Notre destinée spirituelle est d'aimer autant d'êtres qu'il y en a, aussi longtemps que nous vivons, à notre propre façon, selon notre pleine capacité. Plus nous affirmons que les autres comptent autant que nous, plus nous trouvons notre voie personnelle et notre objectif dans la vie. C'est par cette interconnectivité que les aspirations évolutionnaires universelles s'accomplissent dans les vies individuelles.

En même temps, la parenté avec tous et le sentiment océanique d'unicité sont suspects quand ils deviennent des moyens de nous aveugler sur notre propre mort, l'implication la plus terrifiante de la première et la plus implacable des données : tout change et finit. Une fois que nous sommes spirituellement concentrés sur le oui inconditionnel aux données de la vie, nous voyons clair à travers des promesses qui sont souvent des stratagèmes pour éviter la confrontation avec notre propre mortalité, quelle que soit sa charge mystique.

Notre oui s'adresse au soi. C'est l'équivalent du oui à l'accomplissement de notre travail psychologique et spirituel pour devenir le soi stable et sain que nous devions être. Notre oui s'adresse au non-soi. C'est un oui à la compassion universelle qui est néanmoins mortelle. Notre oui s'adresse au Soi supérieur. C'est là un remerciement pour la grâce.

> « Toutes les terres du lotus et tous les Bouddhas sont révélés dans mon être propre. »
>
> Sutra AVATAMSAKA

Un sentiment stable de moi-même

Notre sentiment du soi s'épanouit dans une atmosphère qui est au diapason de nos sentiments en nous garantissant les cinq A de l'attention, de l'acceptation, de l'appréciation, de l'affection et de l'autorisation. La personne que nous sommes est une fabrication personnelle, mais elle est aussi codéterminée en permanence par la façon dont les autres agissent envers nous et par leurs sentiments à notre égard. Notre estime de soi tient à notre satisfaction vis-à-vis de notre compétence personnelle, mais elle tient aussi à la façon dont les autres y réagissent, et s'ils jugent que nous sommes dignes de leur amour et de leur attention. C'est là un autre signe de notre profonde connectivité.

Mais qu'est-ce exactement qui définit un sens cohérent et sain du soi ? Au-dessous se trouvent les éléments clés, qui peuvent être pris chacun comme un ensemble utile de pratiques ou d'aspirations pour gagner un sentiment plus fort du soi.

UN SENTIMENT DE CONTINUITÉ

Je fais partie d'une histoire. Personnellement, je suis connecté à une famille et des ancêtres. J'ai hérité de leurs gènes et de certains talents. En outre, je fais partie de l'histoire de l'humanité. J'ai un rapport au collectif. Je suis l'héritier de toute l'obscurité et de toute la lumière que les humains ont apportées dans le monde. Les archétypes qui me dirigent sont ceux que partagent tous les humains. Finalement, je fais partie de la nature. Je respire comme les autres êtres, et je ne cesse d'échanger de l'air et de l'énergie avec tous les êtres dans l'univers. Je suis ce que sont les étoiles. Mon souffle est celui de la rose et le vôtre.

UNE CAPACITÉ À GÉRER LES PROBLÈMES ET LES GENS

J'accepte le bon et le mauvais dans les événements de la vie. J'accepte le bon et le mauvais chez les autres et chez moi. C'est ainsi que je conserve le sentiment d'un soi stable et constant. Je peux aimer les autres quand ils me blessent, au lieu de sauter à pieds joints dans la vengeance. Le style habituel du moi est de répliquer illico avec un plan d'attaque. Notre travail consiste à ne pas agir sur cette base. Je deviens un soi cohérent quand je n'agis plus à partir des réactions primitives du moi. Par exemple, ce conducteur qui m'a fait une queue de poisson et à qui je veux rendre la monnaie de sa pièce : je prends conscience de ma réaction et j'ordonne à mon moi de ne pas chercher la bagarre mais de se relaxer. Je ne m'engage pas sur la voie de la rage, je lève le pied de l'accélérateur et je laisse la voiture qui m'a dépassé prendre du champ tout en lui souhaitant bonne route. En effectuant ces pratiques de pleine conscience et de douceur aimante, je deviens davantage qu'un moi sûr de ses droits, et je m'aime aussi beaucoup plus.

Je dispose de moyens de guidance personnelle. Quand les choses deviennent tendues, je suis capable de m'apaiser. Si je m'effondre, j'ai les moyens de me reconstituer. Je m'autorise à m'effondrer, puis je me relève. Je ne suis pas dévasté par les crises. J'ai une ligne de ressources pour m'aider à traverser les épreuves.

Je ne cherche pas à éviter la douleur, je la traverse et je continue ma route. Je suis capable de gérer le traumatisme, et s'il est trop gros pour moi, je peux chercher de l'aide auprès des autres ou en thérapie.

J'aborde, je traite et je résous ce qui m'arrive. En clair, je ne me borne pas à subir les événements de ma vie sur un mode inconscient, mais je les examine et les envisage de façon consciente, avec un plan d'amélioration. Je ne fonce pas dans les choses ; je les traverse.

Je tire du sens de ce qui m'arrive, et j'apprends à partir de là. Je vois tout événement de ma vie dans un contexte évolutionnaire, c'est-à-dire comme un défi dans le voyage héroïque vers la réalisation de soi.

Je sais ce que je peux faire et ne pas faire, quel que soit le nombre de voitures qui me dépassent sur la route. Je connais mes limites et je les accepte comme des données. C'est ainsi que mon humilité travaille à me conduire au oui inconditionnel et irréductible à mon soi qui a abandonné la boursouflure du moi. Muni de cette connaissance, je peux aborder avec prudence les voies où je m'engage. Je ne vais pas où je sais que je serai blessé, effrayé ou fragmenté.

UNE RÉACTIVITÉ AU SOUTIEN

Les gens, les partenaires et les parents ne sont pas disponibles tout le temps, de sorte qu'il est bon d'avoir la compétence de chercher parfois ailleurs la satisfaction de mes besoins. Je le fais sans blâmer quiconque, puisque je n'attends pas qu'une personne quelconque puisse satisfaire en permanence tous mes besoins. Je renonce de plus en plus à ces attentes, puisqu'elles sont contraires à un oui inconditionnel.

J'apprécie d'être reflété par les autres et je peux m'appuyer sur l'environnement de *holding* qu'ils créent autour de moi. Je n'ignore pas en m'appuyant ainsi que les gens peuvent me manquer, mais je sais au moins que je peux alors me fier à d'autres. Je peux recevoir du soutien et chérir mon sentiment d'appartenance à une famille, une relation ou une communauté. Je vois à présent l'importance d'un sentiment d'appartenance, parce que je remarque que l'univers entier s'épanouit dans l'interconnectivité.

« Puissent ceux qui se trouvent dans un désert redoutable [...] être gardés par des êtres célestes bienveillants », dit Shantideva, un moine bouddhiste du VIIIe siècle. Au niveau archétypal, j'ai aussi le sentiment d'être maintenu par des pouvoirs plus grands que mon propre moi ou celui des autres. Je suis plus que mon histoire et j'ai quelque chose sur quoi m'appuyer : une vie plus vaste que le moi ne peut en rendre compte. C'est ce que veut dire le Psaume 23 : « Je ne craindrai pas le mal, car tu es avec moi. » La vie divine ne doit pas être un Dieu personnel, mais elle incarne bien mon sentiment d'unité avec les saints et les bodhisattvas qui sont partis avant moi.

Une fois que j'ai reconnu Dieu comme la personnification d'une réalité intrapsychique, je ne suis plus aussi seul dans l'univers. Il n'y a pas de Dieu séparé, comme il n'y a pas d'humain séparé ou de chêne séparé. Je vis dans la communion des saints et de la nature. Dire que je n'ai rien sur quoi m'appuyer quand les choses vont mal, c'est ignorer l'immense tradition de la spiritualité humaine. Dans la tradition bouddhiste, le bodhisattva reste avec moi jusqu'à ce que j'arrive à l'éveil, s'assurant que je suis ainsi « gardé ». La compréhension spirituelle du rien n'est pas rien. C'est plutôt la compréhension qu'il n'y a pas de réalité dans l'état séparé. L'autosuffisance contredit le principe spirituel du non-soi et de l'interconnectivité.

La spiritualité adulte ne veut pas dire que je suis seul ; elle signifie que je ne suis jamais seul. Je sens cela dans la nature, ce qui engendre un fort sentiment de moi-même comme interconnecté.

UN CADRE VERTUEUX POUR UNE VIE CONSCIENTE

Un sentiment du soi suppose de vivre sa vie dans un cadre, c'est-à-dire un ensemble de règles éthiques et de critères à partir desquels effectuer ses choix. C'est là un garde-fou utile, pas un blocage. Cela inclut une vision du monde, une façon de comprendre la vie. On peut par exemple suivre les recommandations morales d'une religion particulière ou d'une philosophie de la vie bien définie (à condition, comme on l'a vu au chapitre VI, que ce système religieux ou philosophique soit conçu pour des adultes). Dans ce cadre, je peux placer tout ce qui se passe dans le monde et en moi-même dans un contexte significatif. Quand j'affronte l'une des inexorables données de la vie, je ne suis plus pris au dépourvu. Tout ce qui arrive devient intelligible comme une condition de l'existence, qui peut garantir plus de profondeur, plus de compassion, plus de caractère tant que je l'accepte avec le oui inconditionnel de la conscience spirituelle.

Vivre selon un ensemble fiable d'idéaux, de valeurs, d'objectifs et d'aspirations nous aide à fonder un sentiment sain de soi, qui s'accomplit en devenant une personne plus vertueuse. Les vertus sont les données de notre vie et de notre comportement quand nous agissons avec intégrité et amour. Les vertus sont les coutumes de l'équilibre. Ce sont les actions qui émergent de nos valeurs intérieures. Nos actions vertueuses démontrent notre bonté fondamentale. Ce sont les briques de construction du respect de soi, du caractère et de l'intégrité. Les vertus sont des dons innés pour certains d'entre nous, mais nous pouvons tous devenir vertueux par la pratique. En hébreu, le mot pour « vertu », *ma'alot*, signifie aussi « stades ». Nous pouvons continuer à progresser, même à petits pas, vers la vertu. Il s'ensuit des tournants intérieurs, et nous agissons de façon vertueuse sans avoir à le penser ou le prévoir : ces actes deviennent des données de notre vie. Les pas sont des efforts ; les tournants sont des grâces. C'est ainsi que le plan divin de douceur aimante est satisfait en nous. Notre destinée est d'afficher dans le temps un dessein au-delà du temps.

Le théologien Paul Wadell a écrit : « Être humain, c'est être né dans le monde avec quelque chose à accomplir, à savoir la plénitude de sa nature humaine, et c'est à travers les vertus que nous la réalisons. [...] Les vertus sont la seule garantie contre une vie gâchée. »

La plupart d'entre nous pensent les vertus en termes de mots spécifiques (par exemple, *honnêteté* et *patience*) plutôt qu'en phrases décrivant des comportements. C'est pourtant sur elles que se concentre une pratique spirituelle de construction des vertus en tant qu'affirmations et actions spécifiques.

Dans la liste qui suit, considérez une vertu chaque jour, et cherchez des moyens de la mettre en pratique.

- Je dis oui inconditionnellement aux données de la vie humaine : tout change et finit ; les choses ne se dérouleront pas toujours selon mes plans ; la vie ne sera pas toujours juste et sans souffrance ; et les gens ne seront pas toujours aimants, honnêtes, généreux ou loyaux.

- Je suis heureux d'apparaître tel que je suis, sans prétention et sous un jour parfois peu flatteur. Je ne suis pas parfait, et je suis profondément engagé dans un travail sur moi-même. Je remarque que plus je m'engage dans mon travail personnel, plus je me soucie du monde et du rôle que j'ai le privilège de jouer dans sa co-création. Au lieu de me borner à traverser des expériences, je choisis de faire une pause assez longue pour aborder et traiter ce qui m'arrive. J'apprends à partir de mes réactions. Pleurer au cinéma m'invite à considérer mes chagrins personnels. L'attirance et la répulsion m'invitent à réfléchir à mes besoins et mes motivations cachés. Les souvenirs et les images qui me touchent m'invitent à m'arrêter sur eux et à remonter leur cheminement dans mes propres espaces confinés.

- Je ne suis pas captif du regret ou des reproches que m'inspirent mes erreurs dans la vie. Je prends tout cela comme une expérience d'apprentissage pour faire mieux à l'avenir. Je fais amende honorable chaque fois que je le peux. Et mes erreurs deviennent bien sûr un passeport pour l'humilité.
- Je fais régulièrement mon examen de conscience. Je me livre à un soigneux inventaire, non seulement des façons dont j'ai pu blesser les autres, mais aussi des occasions où je n'ai pas activé ou partagé mes dons, de ma façon de m'accrocher encore à des préjugés ou au désir de vengeance, et des fois où j'ai manqué à être aussi aimant que je peux l'être.
- J'écoute attentivement les réactions des autres, au lieu d'être sur la défensive ou d'exciter mon moi. J'accueille ces réactions qui m'indiquent les points où je suis moins attentif, moins tolérant, moins ouvert que je pourrais l'être. Je ne crains pas la libre parole, ni la mienne ni celle des autres. J'ai le désir d'exprimer et de recevoir des sentiments, parmi lesquels la peur, la joie, le chagrin et la tendresse. Je montre ma colère de façon non violente, pas d'une façon abusive, menaçante, accusatrice ou hors de contrôle.
- Je remarque que mon comportement et mes choix ne sont plus déterminés par ce que les autres

peuvent penser de moi. Je n'essaie pas de pousser les autres à m'accepter ou à m'aimer. Je ne cherche pas à me changer pour entrer dans un cadre. Je suis engagé à me peindre tel que je suis, quelque réaction que je provoque. Je ne peux plus être manipulé par la flatterie, mais je montre bien ma reconnaissance quand d'autres m'apprécient.

- Quoi qu'il m'arrive, je suis toujours plus stable, non troublé par la peur ou le désir. Les événements de ma vie et les actions des autres ont un impact sur moi, mais ils n'empiètent pas sur moi. Je suis assuré en moi-même, tout en restant connecté aux autres.
- Je renonce à tirer profit des autres par les charmes de la chair ou de l'esprit, par des mots ou un esprit séducteur ou trompeur. Pour grandir en humilité, je me rappelle à l'ordre quand je me surprends à être hypocrite, passif-agressif ou manipulateur. Je me reprends aussitôt en reconnaissant que j'agis faussement. C'est ainsi que je m'ouvre à la quête d'alternatives vertueuses.
- Je demande ce que je veux sans acrimonie, manipulation ou attente excessive. Je respecte le rythme, les souhaits et les limites des autres. Je peux entendre le non comme une réponse.
- Je n'ai plus l'esprit de compétition dans les relations, et je trouve une joie exaltante dans la coopération. Je fuis en particulier les situations où gagner signifie que les autres doivent perdre.
- Je ne blesse pas les autres intentionnellement. S'ils me blessent, je ne me venge pas, je me contente d'ouvrir un dialogue et je demande qu'ils fassent amende honorable. Quelle qu'en soit l'issue, je ne hais ni ne garde rancune à personne. J'agis avec

douceur vis-à-vis des autres, non pour les impressionner ou les obliger, mais parce que je suis réellement aimable – ou je m'y efforce. Si d'autres oublient de me remercier, ou de me retourner ma gentillesse, cela ne m'empêche pas d'être aimant. Je ne renonce jamais aux autres. Je crois que tout le monde a une bonté innée et qu'être aimé peut la libérer. Je suis engagé dans la résistance au mal et la lutte contre l'injustice sur un mode non violent. C'est ainsi que je me concentre sur la justice restauratrice, et non la justice rétributive.

- J'ai le sens de l'humour, mais pas aux dépens des autres. Je ne cherche pas à les ridiculiser par des sarcasmes, et je ne « rétorque » pas quand un autre se montre sarcastique à mon égard. J'éprouve simplement de la douleur pour nous deux et je cherche des moyens de mieux communiquer avec lui.

- Je ne cherche pas à censurer les autres ni leurs choix. Je remarque encore les défauts des autres et les miens, mais je les vois comme des faits plutôt que des faiblesses. Je ne ris pas des erreurs ou des malheurs des autres.

- Je suis capable de dire « aïe » face à la douleur et à l'abus, dans le travail, les relations et les interactions avec les autres. J'agis pour changer ce qui peut être changé, et je passe ma route quand la situation reste bloquée. Je le fais sans apitoiement sur moi-même et sans chercher à prendre les autres en défaut.

- Je respecte les critères d'honnêteté rigoureuse et de vérité dans toutes mes relations, de quelque manière que les autres agissent envers moi. Ma question n'est pas : « Comment vais-je m'en tirer ? » mais : « Que puis-je faire qui soit juste ? » Si je trébuche, je le reconnais, je fais amende honorable et je prends la résolution d'agir autrement la prochaine fois. Je m'excuse aisément et volontiers quand c'est nécessaire.

- Je me concentre sur la cohérence : chez moi ou dans une relation, je suis le même qu'au travail. Je fais preuve du même respect et de la même sincérité envers les étrangers et mes proches.
- Je tiens parole. J'honore mes engagements et je mène à bout les tâches que j'accepte de faire. Je reconnais mieux mes insuffisances et mes compétences. Cela m'aide à poser de saines limites à ce que je peux faire pour les autres, au lieu de me montrer simplement obligeant.
- J'ai un inébranlable sens de moi-même comme une personne de conviction, tout en gardant de la souplesse. Je suis capable de changer mon comportement, d'abandonner des croyances obsolètes et de modifier mon style de vie pour accueillir les demandes toujours changeantes de mon monde. Quand je souffre d'une crise d'identité, je la prends comme une occasion d'illumination.
- Je suis reconnaissant des valeurs et des croyances que j'ai reçues de tant de sources au cours de ma vie. Cela ne m'empêche pas d'examiner les constructions de croyances, de biais et de mythes que j'ai héritées de ma famille, de l'école, de la religion et de la société. Je les démantèle une à une et j'écarte celles qui ne correspondent pas à une vie saine et vertueuse.

- Je ne suis plus sous l'influence aveuglante des grands axes qui déterminent tant d'attitudes et de styles de vie : la mode, la finance et la gloire.
- Je mesure ma réussite à la quantité d'amour dont je dispose, pas à mon compte en banque ou au pouvoir que j'ai sur les autres. Exprimer ma pleine et unique capacité à aimer est l'objectif central de ma vie.
- Je suis engagé avec enthousiasme dans un travail et des projets qui ont du sens, et c'est la source de mon bonheur. Je continue à découvrir mes besoins, mes désirs, mes valeurs et mes potentiels les plus profonds, et à vivre en accord avec eux. J'ai des raisons d'être fier de certains accomplissements. Thoreau a écrit dans son journal : « Un homme considère avec fierté son tas de bois. » Mon engagement aux pratiques indiquées dans ces pages est mon tas de bois.
- La question que je pose avant de me lancer dans un projet ou une relation est celle-ci : « Est-ce là un cadre qui va me permettre d'atteindre l'objectif de ma vie ? » Cet objectif est de vivre la vie unique et exubérante qui est en moi, d'aimer de toutes mes forces, et de partager mes dons personnels chaque fois que je le peux.
- J'ai le désir de travailler infatigablement pour remplir mon objectif de vie, mais pas de me ruiner la santé pour acquérir du standing, un statut, la gloire ou la fortune – les valeurs centrales et souvent uniques du monde inquiet du moi. Je me concentre dans la vie sur le simple fait de devenir quelqu'un de bien.

- Mon travail sur moi-même m'a rendu plus conscient des politiques et des malheurs du monde qui m'entoure. Je mets en cause l'autorité tout en priant et travaillant pour la fin de la guerre, de la vengeance, de l'avidité, de la haine et de l'ignorance. En effet, je n'ai pas renoncé à croire en la possibilité de transformation pour chaque individu, chaque leader politique ou religieux, et chaque nation.

- J'ai toujours conscience de la souffrance et de la pauvreté de ceux qui ont moins de chance que moi. Je trouve des façons de réagir qui combinent la générosité et le contact personnel. Je suis généreux de mon temps, de mon attention, de mon argent et de moi-même.

- Confronté à la souffrance du monde, je ne détourne pas les yeux, je n'accuse pas Dieu ou l'humanité mais je demande simplement : « Que dois-je faire ? » Je réagis à la souffrance des autres par un plan, même modeste, pour leur venir en aide. Je choisis d'allumer une chandelle plutôt que de maudire l'obscurité. T. S. Eliot a écrit : « Je me suis assis sur le rivage / [...] la plaine aride derrière moi. / Mettrai-je au moins *mes* terres en ordre ? » (c'est moi qui souligne). Le questionnement dans ce paragraphe montre que l'engagement personnel à la vertu nous aide à vivre *avec* la réalité plutôt que *contre* elle. La pratique spirituelle rend supportables les données les plus stressantes de notre monde.

- Mon amour de la nature me fait marcher légèrement sur la terre avec ce que saint Bonaventure appelait « une courtoisie envers les choses naturelles ».

- Je peux sentir croître ma conscience spirituelle. Je peux sentir en moi une énergie divine qui est derrière tout amour, toute sagesse ou tout pouvoir de guérison dont je dispose. Ce qui est en moi n'est pas de moi mais à travers moi. Je dis merci pour ces grâces encourageantes et oui à l'appel émouvant à continuer à vivre dans leur sillage.

Alors que je dis oui aux données de la vie, puissé-je vivre dans une équanimité sereine à travers la tempête et le calme, la clarté et l'incertitude, le gain et la perte, la louange et le blâme, et puissé-je devenir un modèle d'équilibre dans le monde complexe et difficile du moi.

CONCLUSION

Les données qui sont nos grâces

> « Il arrive parfois que nous recevions le pouvoir de dire oui à nous-mêmes, que la paix entre totalement en nous, que la haine et le mépris de soi disparaissent, et que notre soi se trouve réuni à lui-même. Alors nous pouvons dire que la grâce est venue sur nous. »
>
> Paul TILLICH

J'ai nommé et exploré dans ce livre cinq données de la vie et des rapports humains que nous nions et ignorons trop souvent, nous plongeant ainsi dans la souffrance et le malheur. Ce sont les vérités « négatives » dont nous aimerions qu'elles n'existent pas. Mais ce livre a montré que notre résistance à ces faits de la vie est en réalité le lieu même où se situent nos problèmes. Quand nous nous ouvrons aux données, nous nous ouvrons à la possibilité de devenir les êtres courageux, compassionnés et sages que nous avons été conçus pour être.

Nous devons cependant nous rappeler que nous, les humains, sommes aussi équipés de belles et positives données. Ce sont nos dons, des grâces qui font partie de notre héritage humain collectif et sont issues de puissances situées au-delà de notre moi. Ce sont aussi des grâces au sens de la grâce du danseur, une façon de nous mouvoir dans le monde avec raffinement, charme et élégance. Ce sont ces grâces qui nous rendent réellement humains :

- Notre irrépressible sens du jeu et sens de l'humour.
- Notre capacité à continuer à aimer, quelque traitement que les autres nous infligent et quoi qu'il nous soit arrivé dans le passé.
- Notre indignation et notre action courageuse face au mal.
- Notre désir de nous faire passer après les autres, voire de risquer notre vie pour eux.
- Notre capacité à oublier et à lâcher prise.
- Notre refus d'accepter la défaite ou l'abus quoi qu'il advienne.
- Notre inébranlable espoir.
- Notre art de montrer la meilleure part de nous-même quand les choses sont au plus mal.
- Notre compétence à trouver de l'ordre dans le chaos et du sens dans le désastre.
- Notre intuition, qui révèle davantage que ce que nous pouvons connaître logiquement.
- Notre tendance à l'honnêteté, même quand personne ne nous regarde.
- Notre lutte pour atteindre ce qui est hors de notre portée, notre inclination à grandir.

- Notre pouvoir de dire, de faire, ou d'être quelque chose qui conduit à notre guérison et à celle des autres.
- Notre sentiment permanent que l'univers est amical et qu'il existe au fond une intention aimante dans tout ce qui arrive.
- Notre compréhension aimante de ceux qui ne choisissent pas de vivre en accord avec cette liste.

Ces grâces sont la raison pour laquelle nous ne renonçons jamais à nous-mêmes ou aux autres. Nous aurons toujours le temps d'être touchés et convertis par la grâce, laissant ainsi les données s'épanouir : nous pouvons toujours changer, trouver le plan qui nous est destiné, agir de façon juste et même généreuse, survivre à la douleur et montrer un amour inconditionnel.

Nous nous ouvrons à ces grâces quand nous avons le sentiment d'être accompagnés par une présence protectrice qui perdure même quand nous sommes sur le point de renoncer à nous-mêmes. Ce sentiment ne doit pas être de l'ordre de la superstition ou du souhait magique. L'univers est finalement un environnement de *holding*, et le *holding* est une sensation personnelle ; il est donc naturel que nous sentions une présence aimante qui nous est personnellement adressée dans notre vie. Un sentiment présent depuis si longtemps dans la conscience humaine est l'équivalent d'une réalité. Quels sont les signes, même subjectifs, de la donnée spirituelle d'une présence fiable – l'archétype de la force adjuvante dans le voyage du héros ?

- Nous conservons le sentiment d'être accompagnés, de ne pas être seuls pour affronter les choses de la vie. Cela survient dans ces moments particuliers de synchronicité et de grâce qui nous font comprendre que notre moi n'est pas la seule chose en réserve pour nous.

- Il y a des ressources en nous et autour de nous qui apparaissent à tout moment, mais en particulier dans nos moments de oui inconditionnel, de confiance, de méditation, de prière, d'imagination, de vision ou d'intuition.
- Nous connaissons des moments où nous nous sentons en contact avec la source de l'amour, de la sagesse et de la guérison : en réalité, nous sommes cette source.
- Nous remarquons la sensation durable que quelqu'un ou quelque chose veut réellement nous faire évoluer et satisfaire notre potentiel. Cette présence réconfortante est de notre côté, elle nous soutient, elle est concentrée sur nous sans relâche, sans jugement et sans conditions.
- Nous remarquons que nous recevons des grâces qui nous aident à nous réaliser pleinement. Elles prennent des formes variées : les données elles-mêmes, des gens, des lieux, des choses, des rêves ou des événements synchrones qui nous indiquent notre voie et nous aident à la suivre. Les gens qui nous aident ou nous blessent au cours de notre vie semblent être des messagers, le plus souvent involontaires, d'une source plus haute de connaissance.
- Nous sommes parfois en contact avec de vastes profondeurs en nous, et conscients que ces profondeurs sont les mêmes chez d'autres êtres et dans tout l'univers. Tant que la nature nous entoure, nous sommes inclus dans la vie divine, la vie au-delà des conditions.

- Nous connaissons dans la nature et dans notre propre vie psychique une sensation d'émerveillement, de stupéfaction, de profonde sensibilité ; nous atteignons des pics sublimes de sentiment ; nous rencontrons des puissances situées au-delà du labeur humain qui semblent nous atteindre et ne jamais nous faire défaut. Nous nous sentons parfois mystérieusement soutenus, et c'est ce que l'on entend par la présence du divin.

- Si sombre ou destructrice que soit la situation, nous avons conscience de la présence permanente d'une énergie guérissante qui renouvelle et reconstruit infatigablement ce qui s'effondre. Quelque chose persiste à nous remettre debout. C'est pourquoi il n'est pas mauvais de s'effondrer. « Oui, bien que je marche dans la vallée de la mort, je ne craindrai pas le mal », disent les Écritures. Nous ne craignons pas le mal parce que nous désirons traverser cette effrayante vallée, plutôt qu'emprunter le pont qui l'enjambe.

- Nous sentons de façon palpable un objectif aimant construit dans la structure et la direction mêmes de l'univers. Pourquoi les choses arrivent est au bout du compte un mystère. Nous ne pouvons pas dire exactement que tout survient selon un plan. Mais exploiter au mieux ce qui nous arrive est l'équivalent d'un plan. L'opportunité issue d'un événement douloureux est en effet son objectif, sa direction évolutionnaire. Et l'évolution est toujours en mouvement : « Notre Dieu est en marche. »

- Nous pouvons nous sentir personnellement aimés en regardant des images religieuses et en appréciant la nature. Nous sentons la présence d'une puissance dans l'univers et au-delà de lui qui nous aime tels que nous sommes, nous accepte, veille sur nous, nous écoute, nous apprécie, et nous autorise même à le rejeter sans pourtant jamais nous abandonner.

- Nous avons en nous la grâce de continuer à aimer dans des circonstances éprouvantes des gens éprouvants, signe que l'amour est notre origine, notre objectif et notre fin. Comme il est encourageant, tout en restant insondable, que nos énergies humaines puissent servir de médiatrices à des pouvoirs aussi miraculeux !
- Nous sentons que le monde et nous sommes une seule et unique mystérieuse énergie, à la fois transitoire et durable, à la fois donnée et don. « Je suis ce qu'est la nature » devient une réponse aux conditions de l'existence. C'est la réponse de l'appartenance.
- Cette présence aimante n'est pas forcément perçue sur le mode personnel, comme dans la croyance religieuse traditionnelle. Notre capacité à tenir le sentiment d'une présence peut être l'équivalent de ce que l'on appelle la présence de Dieu. Ainsi, notre capacité à continuer à aimer, si rudement que nous ayons été traités, est l'équivalent métaphorique de la certitude que « Dieu fait d'un mal un bien ».
- Notre vie intérieure la plus profonde s'est reconnue sous la forme de Dieu, des saints ou de Bouddha. Ce ne sont pas des entités distinctes, mais des personnifications archétypales d'une lumière ineffable, infaillible et inépuisable en nous et en tout ce qui est. Dieu, ou la nature bouddhique, est une personnification de l'être essentiel qui ne cesse de se manifester dans l'évolution consciente de chacun de nous.

- Une croyance survit en nous qu'il existe quelque chose, sans que nous sachions quoi, qui est toujours à l'œuvre dans l'amour, sans que nous sachions comment, pour faire du monde davantage que ce qu'il est maintenant, pour faire de nous davantage que nous ne sommes encore. Ce quelque chose est à la fois notre propre énergie vitale et la force de vie de l'univers.

C'est un don que nous soyons de l'étoffe dont sont faites les étoiles, et qu'ainsi se trouve intégrée en nous une immortelle aspiration à la transformation évolutionnaire que l'on appelle indifféremment totalité, sainteté ou illumination. Nous ne sommes pas seuls en cela : toute la création se joint à nous. Nous pouvons entendre l'aspiration de l'univers entier. Nous l'entendons dans la demande d'accomplissement qui s'élève de chacun de nous. Cette complétude vient à l'existence chaque fois que nous éprouvons ou accordons notre amour. C'est ainsi, nous le voyons à présent, que la douceur aimante *est* la totalité humaine.

> Alors que je dis oui aux données de la vie, puissé-je vivre dans la conscience permanente d'être tenu avec amour par une présence attentive et bienveillante qui ne m'abandonne jamais, et puissé-je tenir les autres d'une façon telle qu'ils commencent eux aussi à sentir la certitude de cette présence.

TABLE

DEUXIÈME PARTIE

Un oui inconditionnel à notre existence conditionnée

Composition : Facompo, Lisieux

Achevé d'imprimer en août 2012
sur les presses de Normandie Roto Impression s.a.s
61250 Lonrai (Orne)
pour le compte des Éditions Payot & Rivages
106, bd Saint-Germain - 75006 Paris
N° d'imprimeur : 123115
Dépôt légal : septembre 2012

Imprimé en France